# 《中华人民共和国体育法》学习辅导读本

国家体育总局政策法规司　编

人民体育出版社

**图书在版编目（CIP）数据**

《中华人民共和国体育法》学习辅导读本 / 国家体育总局政策法规司编 . -- 北京： 人民体育出版社， 2023

ISBN 978-7-5009-6272-4

Ⅰ . ①中… Ⅱ . ①国… Ⅲ . ①体育法－中国－学习参考资料 Ⅳ . ① D922.164

中国国家版本馆 CIP 数据核字（2023）第 011713 号

*

人 民 体 育 出 版 社 出 版 发 行

三 河 兴 达 印 务 有 限 公 司 印 刷

新 华 书 店 经 销

*

880×1230 32 开本 5.25 印张 150 千字

2023 年 7 月第 1 版 2023 年 7 月第 1 次印刷

*

ISBN 978-5009-6272-4

定价：35.00 元

社址：北京市东城区体育馆路 8 号（天坛公园东门）

电话：67151482（发行部） 邮编：100061

传真：67151483 邮购：67118491

网址：www.psphpress.com

（购买本社图书，如遇有缺损页可与邮购部联系）

# 目 录

## ◆ 一、重要文件



## ◆ 二、权威解读

## ◆ 三、专家解读

### （一）总则解读



### （二）全民健身解读



### （三）青少年和学校体育解读



### （四）竞技体育解读

# 一、重要文件

# 体育总局关于学习宣传和贯彻实施《中华人民共和国体育法》的意见

（体政字〔2022〕107号）

各省、自治区、直辖市、计划单列市、新疆生产建设兵团体育行政部门，各厅、司、局，各直属单位，有关全国性体育社会组织，中央军委训练管理部训练局，有关体育院校，有关企业：

6月24日，《中华人民共和国体育法》（以下简称《体育法》）由十三届全国人大常委会第三十五次会议修订通过。新修订的《体育法》的颁布实施，是贯彻习近平法治思想和习近平总书记关于体育的重要论述的重要体现，是落实全面依法治国基本方略的重要举措，是解决体育发展不平衡不充分问题的重要途径，是提升体育治理体系和治理能力现代化水平的重要保障，标志着我国体育法治建设进入了新的发展阶段，对于新时代规范引领体育事业高质量发展，加快推进体育强国、健康中国建设具有十分重要的意义。为做好《体育法》学习宣传和贯彻实施工作，现提出以下意见：

## 一、提高思想认识

《体育法》是体育领域唯一的一部专门法律。这是继1995年颁布实施后，时隔27年进行的第一次全面系统的修订。体育总局紧密配合全国人大社建委、全国人大宪法法律委、全国人大常委会法工委等有关部门，全力做好此次修订工作。此次修订工作坚持以习近平新时代中国特色社会主义思想为指导，深入学习贯彻习近平法治思想和习近平总书记关于体育的重要论述，全面贯彻落实党的十九大和十九届历次全会精神，始终坚持以人民为中心的发展思想，既着力解决体育改革发展中的现实问题又注重立足体育事业长远发展，加强顶层设计。《体育法》从法律层面上解决了体育领域长期存在的一些重大基础性、整体性问题，对下一步构建完善体育法律规范体系进行了通盘考虑和系统规划，为维护体育发展良好秩序，更好保障人民体育权益，深入推进体育改革，顺利实现体育强国建设目标搭建了四梁八柱，作出了框架性的制度安排。各地区、各部门、各单位要深刻认识《体育法》颁布实施对体育事业发展的重大意义，把学习好、宣传好、贯彻好、实施好《体育法》作为当前体育工作的首要任务，抓紧抓实抓到位。

## 二、精心组织学习

《体育法》条文增至 12 章 122 条，涵盖了全民健身、青少年和学校体育、竞技体育、反兴奋剂、体育组织、体育产业、体育仲裁、监督管理等体育事业发展的各领域各环节。体育系统要率先学习，充分发挥示范表率作用。各地区、各部门、各单位要精心组织好对《体育法》的全面系统学习，特别是各级体育行政部门领导干部和工作人员，要带头学、深入学，党委（党组）理论学习中心组至少安排 2 次以上的集中学习。要加强培训力度，将《体育法》作为体育系统人员的应知应会知识，通过举办专题培训班、邀请专家授课、组织知识竞赛活动等方式，确保准确把握《体育法》的修订背景、精神实质和主要内容，做到吃准吃透每一个条文的内涵，并能在实际工作中灵活运用、落实到位。

## 三、完善配套制度

《体育法》增设了“反兴奋剂”“体育产业”“体育仲裁”“监督管理”等章节，增加了“全民健身工作协调机制”“青少年和学校体育工作制度”“反兴奋剂制度”“体育仲裁制度”“体育项目管理制度”，以及职业体育规范和发展、高危险性体育赛事活动行政许可等一批重要制度，调整规范了“运动员技术等级”“教练员专业技术职务等级”等大量体育领域基础性管理制度。《体育法》实施后，体育领域很多现行的法规、规章和规范性文件等都需要尽快修改或废止，同时也急需研制一大批新的配套制度。体育总局各相关职能部门及相关直属单位要抓紧研究起草体育市场管理、赛事活动管理、职业体育规范和发展、体育俱乐部管理等方面的制度文件，推动修订《全民健身条例》《反兴奋剂条例》等相关行政法规，制修订体育项目管理、高危险性体育赛事活动管理、体育培训规范、体育仲裁规则、社会体育指导员管理、运动员注册管理、国家队选拔、教练员管理、裁判员管理、运动员教练员奖励等方面的重要部门规章和规范性文件；有关全国性体育社会组织要抓紧研究制定技术规范、竞赛规则、团体标准、办赛指南、参赛指引等项目发展制度标准规范；各地体育行政部门要根据工作实际，尽快启动或推动相应立法程序，推动本地区相关地方性法规、地方政府规章的修订，进一步完善配套政策。各地区、各部门、各单位都要加快推进相关配套制度建设，从而尽快健全完善以《体育法》为龙头，以若干行政法规、地方性法规、规章等为主干，规范性文件为补充，系统全面的体育法律规范体系。

## 四、强化监督管理

为进一步提升体育行业治理水平，《体育法》新增“监督管理”一章，明确、细化了监管责任，各地区、各部门、各单位要按照《体育法》的规定，对体育项目开展、体育赛事活动组织、体育市场经营等进行监督管理，积极履行监督检查职责，及时处理违法行为，对不属于体育行政部门主管事项的，及时书面通知并移交相关部门查处；落实体育项目管理制度，不断提升项目管理科学化、专业化、规范化水平；与相关部门按照各自职责共同做好体育市场监督管理，特别要对经营高危险性体育项目、举办高危险性体育赛事活动加强监管。要坚决落实“管行业必须管安全、管业务必须管安全、管生产经营必须管安全”的要求，着力提高体育行业安全管理水平。此外，各地体育行政部门作为《体育法》的主要执行部门，要进一步加强体育行政执法，按照《关于进一步规范和加强地方体育行政执法工作的若干意见》(体规字〔2021〕1号)，重新梳理《体育行政执法事项目录清单》，尽快完善地方体育行政执法工作机制，没有专门体育行政执法机构和人员的，要积极争取地方人民政府支持，将体育行政执法的相关职责纳入相对集中行政处罚权综合执法范围，也可以依法委托综合执法机构承担；要充实并加强承担体育行政执法工作的基层综合执法力量配备，抓紧对体育行政执法人员的培训，丰富跨行业领域执法工作经验，确保执法队伍人员专职化和专业化，不断提高体育行政执法水平；要主动与同级公安、教育、市场监管等有关部门密切配合，开展联合执法行动，增强执法力度和效果，确保《体育法》各项规定落到实处，切实保障体育事业健康有序发展。

## 五、做好普法宣传

各地区、各部门、各单位要按照《“十四五”体育法治建设规划》（体发〔2021〕3号）和《体育总局关于贯彻落实法治宣传教育第八个五年规划（2021—2025年）的实施意见》（体政字〔2021〕153号）相关要求，做好《体育法》宣传教育工作。既要重点抓好各级领导干部学法用法，也要不断创新和丰富体育法治宣传教育方式，定期组织开展对运动员、教练员、裁判员和体育行业其他从业人员的专题培训，同时积极利用新媒体开展面向社会和公众的普法活动。《体育法》的宣传不仅要在体育领域广泛开展，而且要深入到全社会各行业中去。要组织学习《体育法释义》等普法读物，召开相关学术论坛和研讨会，制作一批宣传手册、挂图、微视频等普法宣传品，推动全社会形成学习宣传《体育法》的良好氛围。要充分运用、积极整合体育资源，丰富宣传载体、创新宣传手段、拓宽宣传渠道，多角度全方位扩大宣传覆盖面、提升宣传效果。要在全民健身日、体育宣传周等重要时间节点，积极组织集中宣传；发挥优秀运动员、教练员等的示范引领作用，深入群众开展普法工作，依托全民健身场地设施、大型体育赛事活动、体育总局官方网站、《中国体育报》、体育彩票等平台载体，开展体育特色宣传活动，进一步开拓丰富宣传平台矩阵。要大力开展《体育法》“七进”活动，落实“谁执法谁普法”普法责任制，推动新《体育法》进机关、进农村、进社区、进企业、进学校、进网络、进运动队。

## 六、促进事业发展

《体育法》着眼从法律层面解决体育改革发展突出问题，为加快推进体育强国和健康中国建设提供了强有力的法治保障。各地区、各部门、各单位要以新修订的《体育法》颁布实施为契机，科学研判新时代体育发展面临的新形势，坚持问题导向，聚焦重点领域和关键环节，加强体育各领域制度建设，深化改革创新，不断推动体育事业高质量发展。要着力构建更高水平的全民健身公共服务体系，完善全民健身工作协调机制，广泛开展全民健身活动；要积极在传授体育知识技能、组织体育训练、举办体育赛事活动、管理体育场地设施等方面为学校提供指导和帮助，大力推动青少年和学校体育活动开展；要着力提升竞技体育综合实力，加强对运动员的培养教育，做好运动员选拔和运动队组建工作，加强训练科学技术研究、开发和应用；要着眼于满足人民群众多样化体育需求，健全体育产业发展工作协调机制，完善职业体育制度规范，扩大体育产业规模，促进体育产业高质量发展。此外，还要通过贯彻实施《体育法》，推动体育人才培养、运动员权益保障、体育组织建设以及反兴奋剂和体育仲裁等方面的制度建设。

## 七、加强组织领导

在《体育法》学习宣传和贯彻实施以及配套制度建设的全过程各环节，要加强党的全面领导。坚持党对体育工作的坚强领导，是发展体育事业的根本所在、命脉所在，是做好体育工作的根本保证。体育系统各级党组织要深刻认识党的领导对做好《体育法》学习宣传和贯彻实施工作的重要意义，坚持以习近平新时代中国特色社会主义思想为指引，认真贯彻习近平法治思想和习近平总书记关于体育的重要论述，深刻认识“两个确立”的决定性意义，增强“四个意识”、坚定“四个自信”、做到“两个维护”，进一步提高政治站位，增强政治判断力、政治领悟力、政治执行力，全面落实党中央重大决策部署，切实加强体育法律规范体系建设，为推动体育改革发展提供坚强保障。各级党组织要认真研究《体育法》学习宣传和贯彻实施的具体举措，了解工作推进情况，做好相关工作的协调和保障，及时发现和解决存在的问题，有序推动本地区、本部门、本单位体育法治建设工作。

各地区、各部门、各单位要高度重视《体育法》的学习宣传和贯彻实施工作，与本地区、本部门、本单位的主责主业相衔接，主要领导亲自抓，确保各项工作有序推进，如期完成。要建立必要的工作机制，成立贯彻实施《体育法》专项工作领导小组，配备相关人员和经费。对《体育法》涉及的重点章节、重点条款，要细化落实工作方案。体育总局将加强对《体育法》贯彻落实情况的监督检查。

有关重要情况，请及时上报。

体育总局

2022年6月27日

# 二、权威解读

# 贯彻落实新版《中华人民共和国体育法》，加快建设现代体育强国：修法过程、增改重点和学习体会

全国人大社会建设委员会副主任委员　江小涓

2022年6月24日，第十三届全国人民代表大会常务委员会（以下简称“全国人大常委会”）第三十五次会议表决通过了修改《中华人民共和国体育法》（以下简称《体育法》）的决定，新修订的《体育法》于2023年1月1日起施行。《体育法》的修订实施，标志着我国体育法治建设进入了新的阶段，对于落实新时代全民健身国家战略、加快推进体育强国和健康中国建设，具有十分重要的意义。

党的十八大以来，习近平总书记高度重视体育工作，将体育和国家发展的关系提到了“体育强则中国强，国运兴则体育兴”的高度，提出了一系列体育发展的新理念、新思想、新要求。党中央围绕加快推进体育强国建设和健康中国建设，作出了一系列重要战略部署。这些新的要求和部署，既为做好新时代体育工作提供了根本遵循，也为《体育法》修改指明了方向和原则。

本文重点介绍和分析《体育法》修改中的3个方面：第一，《体育法》修改的简要过程和重要意义；第二，《体育法》修改的主要内容；第三，作者工作和学习过程中的几点体会。

# 1 《体育法》修改简要过程、现实背景和重要意义

## 1.1 《体育法》修改过程的简要介绍

1995年8月29日在八届全国人大常委会第十五次会议上审议通过的《体育法》(以下简称“95版《体育法》”)，距今已超过27年。期间除了其他法律制定和修订时对所涉及的相关内容做过个别条款的修正外，没有做过修改。27年来，我国体育事业持续发展进步，党中央对体育发展提出了很多新要求，人民群众的体育需求日益增加，体育在党和国家总体战略布局中的地位早已今非昔比。95版《体育法》滞后于时代发展，远远不能适应我国当下和今后体育事业与体育产业发展的要求。

修改95版《体育法》使之适应新形势、新任务，是体育战线多年的愿望，也是相关各方的共识。2010年，国家体育总局（以下简称“体育总局”）就启动了95版《体育法》的修订工作，组织体育界、法律界人士和一些专家学者多次调研讨论修法相关问题，并通过各种渠道提出启动法律修改的建议。2017年6月，体育总局政策法规司牵头组织修改筹备工作，成立了相关工作机构和专家顾问组，着手对95版《体育法》内容做具体条款的修改，为后续工作打下良好基础。2017年11月，体育总局将修改初稿提交全国人大教科文卫委员会审议。

2018年9月，十三届全国人大常委会公布了该届人大的立法规划，将95版《体育法》修改列为第二类项目，要求在该届人大常委会任期内完成修法工作。2020年11月，95版《体育法》修改

被列入全国人大常委会2021年度立法工作计划，全国人大社会建设委员会（以下简称“全国人大社建委”）随即启动了这项工作，成立工作专班，会同体育总局，开展了广泛的前期调研和准备工作。2021年3月，全国人大社建委牵头成立《体育法》修改工作领导小组（以下简称“修法领导小组”）并召开第一次会议，成员包括全国人大常委会法制工作委员会（以下简称“全国人大常委会法工委”）、最高人民法院、发展改革委、教育部、民政部、司法部、自然资源部、住房城乡建设部、文化和旅游部、卫生健康委、市场监管总局、体育总局、全国总工会、中国残联等部委和团体。此后修法领导小组成员和工作专班召开了8次座谈会，到地方做了多次调研，广泛听取了各级体育行政部门、教育行政部门和其他相关部门、专家学者、体育社会组织、体育相关企业、运动员、教练员、裁判员及体育消费者和爱好者的意见，四次“大修”和多次“小改”了体育总局提交的修改初稿，其间还约请中国法学会体育法学研究会将该修改版本发至全体理事征求意见。2021年9月初，修法领导小组将修改后的版本提交给全国人大社建委全体委员征求意见。2021年9月28日，全国人大社建委召开会议，根据各方意见建议再次对草案建议稿进行修改完善，形成《体育法（修订草案）》（共11章，109条）；10月19—23日，十三届全国人大常委会第三十一次会议对《体育法（修订草案）》进行初次审议（《中国体育报》，2022）。

初次审议后，全国人大常委会法工委负责后续修订工作，2022年4月中旬召开的十三届全国人大常委会第三十四次会议对《体育法（修订草案）》进行第二次审议。第一次审议和第二次审议后，都将修改草案以多种方式定向征求意见，并在中国人大网公布修订草案全文，征求社会公众意见。全国人大常委会法工委和全国人大常委会对社会各方面的意见高度重视，认真研究并作了多处重要修改。例如，针对社会公众的意见，第二次审议稿的重要修改有：增加了弘扬中华体育精神的内容，将体育产业单独列章，规定了政府扩大公益性和基础性公共体育服务，简化了对仲裁制度的具体规定等；第三次审议稿的重要修改有：增加了培养优秀竞技体育后备人才的内容，增加了对运动员进行科学文明训练、维护运动员身体健康的规定，增加了保障运动员完成义务教育的规定，增加了鼓励体育组织积极参加国际体育交流合作的内容，明确了当事人可以在30日内申请撤销体育仲裁裁决的内容，增加了体育赛事组织者应该履行安全保障义务的内容等。2022年6月下旬召开的十三届全国人大常委会第三十五次会议对《体育法（修订草案）》进行了第三次审议，并表决通过新修订的《体育法》。6月24日，新修订的《体育法》经中华人民共和国主席习近平签署主席令正式颁布，于2023年1月1日施行。

### 1.2　修改《体育法》的必要性与重要性

#### 1.2.1　体育事业大发展提出的新要求

中华人民共和国成立以来，党和政府重视体育事业发展。70年前，毛泽东主席就体育工作做了“发展体育运动，增强人民体质”的重要题词，国家和社会各方面因此较为重视群众体育运动，“体制内”的竞技体育队伍建设也得到重视。20世纪80年代初，改革开放开启了体育改革开放和全面发展的新时期。一是中国体育回到国际体育大家庭中。1979年，我国恢复了在国际奥林匹克委员会的合法席位。二是开启了职业体育发展历程。1992 年在北京西郊红山口召开了全国足球工作会议，以足球为先驱启动了我国职业体育的发展。三是推动体育领域市场化、产业化改革。1993 年，国家体育运动委员会（现体育总局）印发《关于深化体育改革的意见》，确定了以转变运行机制为核心、“面向市场，走向市场，以产业化为方向”的改革发展思路。

95 版《体育法》正是在上述背景下制定的，此后 20 多年，我国体育事业大踏步发展。北京 2008 年奥运会的成功举办，带领我国体育事业走上了新高峰，也有力促进了体育产业的发展，各类体育赛事和体育经营公司等不断发展壮大，人民群众对体育更加热爱、更普遍地参与。2014 年《国务院关于加快发展体育产业促进体育消费的若干意见》（国发〔2014〕46 号）提出，到 2025 年，全国要基本建立布局合理、功能完善、门类齐全的体育产业体系，体育产业总规模超过 5 万亿元，成为推动经济社会持续发展的重要力量。国发〔2014〕46 号文发布后，体育产业和体育消费迎来新的大发展时期，体育投资成为“风口”，体育产品和服务更加丰富，消费需求愈加旺盛，与文化旅游等行业的融合发展不断加强。2015 年，中国成功申办北京 2022 年冬奥会，冰雪运动在全国范围内快速发展。2016 年，中共中央、国务院印发《“健康中国 2030”规划纲要》，将体育作为健康中国建设的重要领域给予高度重视，为体育产业的发展提供更多政策支持。总之，自 95 版《体育法》颁布以来，我国体育事业、体育产业大发展，市场主体类型增加，新的体育行为不断出现，各方利益关系更加复杂，这些变化对 95 版《体育法》修改提出了迫切要求。

### 1.2.2 人民群众美好生活期盼中对体育运动的强烈需求

我国群众体育有悠久的历史和广泛的基础。最近10多年，3个重要变化推动着人民群众体育需求持续增长。一是人民群众收入提高后体育消费较快增长。2021年我国人均GDP接近1.2万美元（国家统计局，2022），消费结构从物质消费、必需品消费、发展消费向舒适消费、健康消费、快乐消费延伸拓展，其中体育消费是重要内容。近些年，我国群众健身意识不断增强，全民健身蓬勃开展。根据2020年全民健身活动状况调查，我国经常参加体育锻炼人数比例达37.2%（国家国民体质监测中心，2021），可以说体育健身成为超过国民总数1/3的、近5亿人民群众的“刚需”，体育已经是一项重要的民生事业。同时，愈来愈多的体育消费更讲究专业性，在意专业技能、装备配置和技术水平，需要更多的体育指导和服务。二是城市化进程更加重视“人的城市化”，强调“外来人口”要更多融入城市、归属社区，拥有更多的市民权益。2012年中央经济工作会议指出，要以群众体育为手段推进新型城镇化建设。这些变化和要求对全民体育参与和体育产业发展都有较强的正向影响。国内外经验均表明，这些“新市民”特别需要身份认同和融入场景，体育活动是其中的重要选项。三是老龄社会的到来和老年人较高的体育参与度。我国人均寿命较长，已经接近高收入国家的平均水平，最近几年，“一孩政策”的父母陆续进入了退休群体，“老龄化＋长寿化＋空巢化”导致这一群体对体育消费的多元需求。体育活动所能提供的健康、娱乐、社交和归属感，符合空巢老人的多元需求，吸引大量老年人参与其中，成为体育消费的一支重要力量。总之，人民群众对体育事业和体育产业发展的热切企盼，有许多是

95版《体育法》没有涉及和覆盖的，需要通过修法及时回应。

### 1.2.3 国家重要发展规划对体育发展提出的高标准、新要求

近年来，党中央一些重要文件和国家一些顶层重要规划中，都将发展体育摆在更加重要的位置。《“健康中国2030”规划纲要》对全民健身、公共体育设施建设、体育供给侧改革、体育产业发展、加大学校健康教育力度、推动形成体医结合的健康服务模式、加快发展健身休闲运动产业等方面都提出了明确要求，还提出到2030年在城镇社区实现15分钟健身圈全覆盖，确保学生校内每天体育活动时间不少于1小时，基本实现青少年熟练掌握1项以上体育运动技能，经常参加体育锻炼人口达到5.3亿等。党的十九届五中全会明确提出2035年建成体育强国的目标，将建成体育强国作为社会主义现代化远景目标的重要组成部分。《中华人民共和国国民经济和社会发展第十四个五年规划和2035年远景目标纲要》中，将体育事业和体育产业发展放到了重要地位，对开展全民健身运动，促进青少年体育、体育产业、竞技体育发展和完善体育公共服务等问题提出目标或指出方向。这些高标准、新要求及中长期目标都要求对95版《体育法》进行修改，以适应建设体育强国和健康中国的需要。

### 1.2.4 成为世界体育大国后高水平发展的新要求

经过多年艰苦努力，我国竞技体育成绩辉煌。过去10多年，中国体育代表团连续11次高居亚运会金牌榜榜首，连续6届跻身奥运会金牌榜前3名，我国已成为名副其实的竞技体育大国。体育产业方面，我国体育制造业规模居世界之首，产业体系完备，技术和产品水平不断提升，体育服务业近些年也得到长足发展，大型体

育场馆数量在世界遥遥领先。我国体育科技整体水平提升较快，与网络和数字技术相结合的体育项目发展迅速，消费群体庞大，已经是数字体育大国。我国在国际体坛的影响力不断提升，重大体育活动成为我国重要的外交“主场”。为适应这些变化，以高水平和国际化的体育法制建设引领我国体育高水平发展，由大变强，成为国际体育大家庭中受人尊敬和更具影响力的重要参与者和贡献者，95 版《体育法》修改工作势在必行。

## 2 《体育法》修改的主要内容和若干重点

《体育法》此次修改概况：第一，新增加了 4 章，修改了 3 章的章名；第二，新增加或突出了若干重点条款。与 95 版《体育法》相比，整体结构从原先的 8 章 54 条，增加到了 12 章 122 条。新修订的《体育法》中，新增和改名扩充章节占总章数近 2/3（下表），新增的条款占全部条款的 55%，所以这是《体育法》的一次“大修”，是体系的全面重构和内容的广泛扩充。下文按照新加章、改名章和新增重点内容 3 条线索，择要进行介绍。

**《体育法》章节修订情况**

| 95 版《体育法》共 8 章 | 新修订的《体育法》共 12 章 | |
|---|---|---|
| 第一章　总则 | 第一章　总则 | 原有章 |
| 第二章　社会体育 | 第二章　全民健身 | 改名章 |
| 第三章　学校体育 | 第三章　青少年和学校体育 | 改名章 |
| 第四章　竞技体育 | 第四章　竞技体育 | 原有章 |
| | 第五章　反兴奋剂 | 新加章 |

续表

| 95 版《体育法》共 8 章 | 新修订的《体育法》共 12 章 | |
|---|---|---|
| 第五章　体育社会团体 | 第六章　体育组织 | 改名章 |
| | 第七章　体育产业 | 新加章 |
| 第六章　保障条件 | 第八章　保障条件 | 原有章 |
| | 第九章　体育仲裁 | 新加章 |
| | 第十章　监督管理 | 新加章 |
| 第七章　法律责任 | 第十一章　法律责任 | 原有章 |
| 第八章　附则 | 第十二章　附则 | 原有章 |

## 2.1　关于新增加的 4 章

### 2.1.1　新增“体育产业”章

改革开放之前，我国只有体育用品制造业。包括体育服务业在内的体育产业这个特定产业类型的出现和发展，是改革开放后体育战线最重要的变化之一。1980 年举办的“万宝路广州网球精英赛”，第一次在我国体育赛场上出现了烟草、汽车制造公司的产品广告，而且在赛事场所搭建了商铺出租，这是我国体育竞赛商业化迈出的第一步。1990 年第十一届亚运会在北京举行，引入了更多国际通用的市场化、商业化做法。1993 年，国家体委印发《关于培育体育市场，加快体育产业化进程的意见》，体育产业发展“名正言顺”地开始全面加速，体育培训、健身、竞赛表演、体育场馆开发、体育旅游等在内的体育服务业蓬勃发展。1994 年足球甲 A 联赛成为我国职业体育发展的起点。但总体上看，当时各方面包括体育界对体育产业认识不足，因此 95 版《体育法》中并未涉及体育产业，甚至没有这个概念。此后至今，我国体系齐全、种类繁多的体育产业持续发展，出现许多需要法律明确与规范的问题。因此，在95版《体育法》修改之际，各界特别是体育产业界对“体育产业”入法的呼声很高。

然而出乎预料，《体育法（修订草案）》的第一次审议稿并未对体育产业专门列章，相关表述也相对较少，仅在“总则”中有一条关于体育产业发展的基本方针。主要原因可能有以下4点：①认为体育产业作为一种产业，有许多经济类相关法律存在，其行为规范和纠纷处理无需特殊的法律专门加以规定；②认为体育的本质是广大人民群众强身健体，是青少年健康成长和培育健全人格，是取得优异竞赛成绩为国争光，过于强调商业化和市场化，会带来许多违背体育精神的行为和问题；③认为有些问题还需要在实践中继续探索，有更成熟、更成型的经验后再“入法”；④有些技术性问题难以处理，例如，体育产业如果单独成章，职业体育应放入该章还是“竞技体育”章。

第一次审议稿公开征求意见后，各方面最集中反映的一类意见，就是对体育产业未能单独列章提出质疑和建议。这些意见普遍认为，体育产业迅速发展，对增加就业、培育新的经济增长点、满足人民群众多样化体育需求具有重要意义；体育产业所具有的一些特点，如竞技性强、存在职业体育联盟这个特殊组织形式、兼有经济功能和社会功能等，也与其他产业有明显不同，需要专门的法律条文加以规定。这些意见被认真讨论研究后，在修订草案第二稿中被列入了“第七章　体育产业”，使得本次体育法修改成为我国体育产业发展历程中的一个里程碑。

体育产业“入法”，是立法过程认真听取、吸收社会各界意见的一个显著标志。体育界和社会各方面的意见涌现，有力表明了体育产业的影响力和关注度。诚然，体育产业除创造经济价值外，还带来了多方面的社会价值。体育能够促进国民身心健康，观赏体育活动特别是体育比赛能够舒缓压力，带来愉悦、放松、刺激、期待、满足等精神感受。身心健康能提高劳动生产率和减少医药费用支出，提高生活质量（江小涓，2018）。职业体育俱乐部能够增强当地居民的荣誉感、归属感，能激励更多的年轻人从事体育活动（江小涓等，2020）。基于这些社会功能，理应将体育产业的发展摆在重要地位，得到社会认同和政府支持。

“体育产业”章共有 8 条，其中各方关注较多、反复讨论和修改的主要有以下 4 条。第六十九条强调了扩大体育产业规模、增强体育产业活力和高质量发展，满足人民群众多样化体育需求。有两点值得特别关注：一是要求体育产业继续扩大规模。近年来，国家对许多产业的要求是转型升级和高质量发展，已经少有产业被直接要求扩大规模，这一提法是对体育产业供给依然是“短板”的重要判断。二是特别强调了各级政府要建立多部门合作的工作协调机制。体育产业发展有资金投入、土地使用、建设规划、体教融合、体医融合、赛事安保等涉及许多部门的问题，仅靠体育行政部门来抓确有困难，提出建立协调机制就是为了解决这个问题。法律中没有规定协调机制的具体形式，高阶位的形式是由地方主要领导或分管领导作为协调机制的领导，定期召集多部门研究决策，至少一年开一次会议，确定一些重要事项，使体育产业发展有抓手、能落地、见实效。第七十一条中比较重要的一点，是把体育产业分成了体育用品制造业和体育服务业两类，这也是到第三次审议才修改的。前面两稿虽然笼统涉及体育产业，但从表述的内容上看更多是体育服务业。有不少意见认为，我国体育用品制造业是长项，但是品牌和科技这两点比较弱，需要强调其高质量发展，以保证长期的产业优势和竞争力。因此增加了体育用品制造业相关内容，强调了创新发展和转型升级。第七十二条指向职业体育。关于职业体育的法律表述和规范，是此次修法中受到关注也存在不少争议的问题。修法中有一个技术性问题，即职业体育应该放在体育产业部分还是竞技体育部分。由于职业体育中有些关注度很高的项目在发展中存在一些问题，有观点认为职业体育提振精神、规范行为更加重要，因此开始修法时倾向于将职业体育放在“竞技体育”章。但也有不少观点特别是体育业界的观点认为，职业体育是体育产业的重要内容，我国职业体育总体上发展不足是突出问题,因此要求放在“体育产业”章。最后采用了一个折中方案，在两部分都有职业体育相关条款，分别强调不同重点。第七十六条“国家完善体育产业统计体系，开展体育产业统计监测，定期发布体育产业数据”看似简单，但在实践中挑战很大。体育产业统计有规范口径,但实践不断变化且日趋复杂。例如，体育产业统计中有体育传媒与信息服务类别，其中含有大量的体育赛事视频和网络连接类体育运动项目，既提供了大量体育服务，也为平台带来了海量流量和大量广告投入，但综合类娱乐平台被统计到了文化产业中，即体育产业相关数据可能被统计到了文化产业或其他类型产业中。更基础性的一个挑战是，数字时代的网络效应、数据和流量价值、免费服务等新的商业模式为体育带来的价值创造和“消费者剩余”如何体现在统计之中。还有一个突出问题是一些新型体育项目（如电子竞技）的统计归口。总之，现行的统计体系如何准确反映体育产业、体育消费发展状况，是一个需要不断探索的问题。

### 2.1.2 新增“反兴奋剂”章

反兴奋剂是国际体育治理中共识度高、一致性强的一个重点领域。自第19届夏季奥运会上正式施行兴奋剂检查工作后，每届奥运会都实施了兴奋剂检查。1999年，世界反兴奋剂机构（World Anti-Doping Agency，WADA）正式成立，旨在协调世界范围内的反兴奋剂活动，并于2003年颁布了《世界反兴奋剂条例》。

汉城1988年奥运会，我国多名游泳运动员兴奋剂检测呈阳性，为我国竞技体育带来很大负面影响。我国体育行政部门迅速行动，反兴奋剂工作开始启动并持续发力，1989年提出对兴奋剂问题实行“严令禁止、严格检查、严肃处理”的“三严”方针，同年在北京建立了兴奋剂检测实验室，1990年开始实施兴奋剂检查。95版《体育法》作为我国体育领域的首部法律，在第三十三条中规定，“在体育运动中严禁使用禁用的药物和方法。禁用药物检测机构应当对禁用的药物和方法进行严格检查”，这是反兴奋剂问题在我国首次入法。

此后，我国反兴奋剂工作持续加大力度。1998年，体育总局发布《关于严格禁止在体育运动中使用兴奋剂行为的规定（暂行）》，细化了违规行为和处罚程序。2003年中国政府正式签署了《反对在体育运动中使用兴奋剂哥本哈根宣言》。国务院于2004年颁布实施了《反兴奋剂条例》。2019年11月18日，最高人民法院发布了我国首个审理兴奋剂问题刑事案件司法解释。2020年12月26日，全国人大常委会表决通过的《中华人民共和国刑法修正案（十一）》增设了妨害兴奋剂管理罪，对于组织、强迫运动员使用兴奋剂，以及引诱、教唆、欺骗运动员使用兴奋剂等行为予以刑法规制。

在党和政府高度重视、体育界严格教育管理及各方共同努力下，我国反兴奋剂工作成就卓著。东京奥运会和北京冬奥会，中国代表团都实现了兴奋剂问题“零出现”、拿干净金牌的目标。此次修订95版《体育法》，各方面呼吁要重视兴奋剂问题，要将长期以来的努力体现到法律中。

新修订的《体育法》专设了“第五章　反兴奋剂”，明确了各相关方的责任和义务，使反兴奋剂工作各方面都有法可依。其中有几点值得特别关注。第五十四条规定，“国家建立健全反兴奋剂制度。县级以上人民政府体育行政部门会同卫生健康、教育、公安、工信、商务、药品监管、交通运输、海关、农业、市场监管等部门，对兴奋剂问题实施综合治理”。兴奋剂问题的发生远不止运动员服用这个方面的问题，涉及研发、制造、进出口、销售、提供、服用、反检测手段等多个环节，必须综合治理才能见效，才能使我国成为国际反兴奋剂大家庭中的可信可敬成员，并作出大国应有的贡献。第五十七条规定，“国家设立反兴奋剂机构”，并指出了反兴奋剂检查机构和人员依照法定程序开展检查的权威性和被检方必须配合的义务。第五十八条规定，“县级以上人民政府体育行政部门组织开展反兴奋剂宣传、教育工作，提高体育活动参与者和公众的反兴奋剂意识”。对运动员以及所有参与体育运动的人员来说，反兴奋剂不仅是被动约束，而且应该成为体育文化、体育价值观的一部分，因此宣传教育有重要意义。

#### 2.1.3 新增“体育仲裁”章

95版《体育法》对体育仲裁作过原则规定，即第三十二条“在竞技体育活动中发生纠纷，由体育仲裁机构负责调解、仲裁。体育仲裁机构的设立办法和仲裁范围由国务院另行规定”。由于种种原因，这个“另行规定”没有出台，因此实践中体育仲裁的使用很少。许多体育纠纷无处调解仲裁，为各方面带来诸多困扰，积累了不少矛盾和问题。切实发挥体育仲裁的作用，在法律中有相关可操作性条款，是此次修法前期各方面呼声很高的一点，甚至可以视为推动《体育法》修改的一个重要因素。

关于“体育仲裁”章，首先要确定哪些属于体育仲裁的内容。第九十二条对此作出了规定：“当事人可以根据仲裁协议、体育组织章程、体育赛事规则等，对下列纠纷申请体育仲裁：（一）对体育社会组织、运动员管理单位、体育赛事活动组织者按照兴奋剂管理或者其他管理规定作出的取消参赛资格、取消比赛成绩、禁赛等处理决定不服发生的纠纷；（二）因运动员注册、交流发生的纠纷；（三）在竞技体育活动中发生的其他纠纷。《中华人民共和国仲裁法》规定的可仲裁纠纷和《中华人民共和国劳动争议调解仲裁法》规定的劳动争议，不属于体育仲裁范围。”对于了解体育项目中存在纷繁多样的纠纷，同时又不太熟悉我国仲裁制度的人来说，很可能会对这个条款感到困惑：为什么仲裁只适用于这三类纠纷？

原因是我国仲裁制度已有3项法律加以规定，可以解决相当一部分的体育纠纷。1994年实施的《中华人民共和国仲裁法》（以下简称《仲裁法》）建立了民商事仲裁制度，处理公民、法人和其他组织之间发生的合同纠纷和其他财产权益纠纷；2007年颁布的《中华人民共和国劳动争议调解仲裁法》(以下简称《劳动争议仲裁法》)对仲裁用人单位与劳动者发生劳动争议时的调解仲裁作出了规定；2009年《中华人民共和国农村土地承包经营纠纷调解仲裁法》建立了农村土地承包经营纠纷仲裁制度，这个法律与体育纠纷交叉很少。

考虑到已有上述3项仲裁法律，此次修法遵循的原则是，凡是通过现有纠纷解决渠道能够较好解决的纠纷应当尽量通过现有渠道解决，不再纳入体育仲裁范围。比如，相当一部分体育纠纷是有关运动员和俱乐部之间发生的劳动合同争议或劳动报酬、工伤医疗费、经济补偿和赔偿金等，这些争议或属于民事主体权利方面的纠纷，或属于劳动关系方面的纠纷，可以适用于《仲裁法》或《劳动争议仲裁法》。此外，体育仲裁也将体育竞赛中技术性纠纷排除在外，体育赛事活动过程中因竞赛规则发生的技术性纠纷，如因裁判因素发生的纠纷，从各国惯例和我国实践来看，都可以视为竞赛组织者内部处理事项，原则上应该由体育组织按其内部规则处置。因此，第九十五条规定，“鼓励体育组织建立内部纠纷解决机制，公平、公正、高效地解决纠纷。体育组织没有内部纠纷解决机制或者内部纠纷解决机制未及时处理纠纷的，当事人可以申请体育仲裁”。

这部分还需要明确的一个问题是仲裁和司法的关系。已有的3种仲裁法律分别确立了3种仲裁模式:《仲裁法》是“或裁或审”制度，当事人只能选择其一，选择申请仲裁，法院就不再受理，仲裁具有“一裁终局”的效力；劳动争议仲裁确立的是“先裁后审”制度，发生劳动争议后，当事人只能先申请仲裁，对仲裁结果不服的，原则上可以到人民法院起诉，仲裁不具有“一裁终局”的效力；土地承包仲裁规定的制度更加灵活。体育领域纠纷的解决专业性强，因此在研究体育仲裁与司法关系时，倾向于“只选仲裁”和“一裁终局”模式。第九十五条规定，“体育组织没有内部纠纷解决机制或者内部纠纷解决机制未及时处理纠纷的，当事人可以申请体育仲裁”，这里没有提出可以申请仲裁或者可以向人民法院申请审判，即没有“或裁或审”的选项。第九十七条规定，“体育仲裁裁决书自作出之日起发生法律效力。裁决作出后，当事人就同一纠纷再申请体育仲裁或者向人民法院起诉的，体育仲裁委员会或者人民法院不予受理”。不过，考虑到体育仲裁情形复杂，需要在实践中摸索完善，并没有规定只能仲裁，而对于“一裁终局”的规定也留下了“纠错机制”。也就是第九十八条的规定，当出现适用法律、法规确有错误等若干情形时，“当事人可以自收到仲裁裁决书之日起三十日内向体育仲裁委员会所在地的中级人民法院申请撤销裁决”。不过法院只能通知仲裁庭在一定期限内重新仲裁，并非由法院接手审判，也就是第九十八条的规定，“人民法院经组成合议庭审查核实裁决有前款规定情形之一的，或者认定裁决违背社会公共利益的，应当裁定撤销。人民法院受理撤销裁决的申请后，认为可以由仲裁庭重新仲裁的，通知仲裁庭在一定期限内重新仲裁，并裁定中止撤销程序。仲裁庭拒绝重新仲裁的，人民法院应当裁定恢复撤销程序”。

#### 2.1.4　新增“监督管理”章

近年来，各类体育活动日益增多，体育市场蓬勃发展，但体育发展中的乱象也不断出现，一些赛事中出现的重大事故举世震惊。加强体育监督管理特别是安全监督的呼声很高。“监督管理”章的重点内容有以下 3 点。首先是在第一百零二条中明确了各级体育行政部门对体育赛事活动依法进行监管的权力，同时明确公安、市场监管、应急管理等部门按照各自职责对体育赛事活动进行监督管理。其次是明确了体育赛事组织者的安全保障义务，并明确规定，“体育赛事活动因发生极端天气、自然灾害、公共卫生事件等突发事件，不具备办赛条件的，体育赛事活动组织者应当及时予以中止；未中止的，县级以上人民政府应当责令其中止”，也就是体育行政部门可以依法行使体育赛事“熔断”机制。最后是明确举办高危险性体育赛事活动应当具备的条件，第一百零四、一百零五、一百零六条分别规定，新设体育项目由国务院体育行政部门认定，经营高危险性体育项目应当具备的条件，举办高危险性体育赛事活动实行行政许可制度。

这部分还有一个重点，就是第一百零八条“县级以上地方人民政府每届任期内至少向本级人民代表大会或者其常务委员会报告一次全民健身、青少年和学校体育工作”。专门做这个规定，是由于各方面担心全民健身和青少年体育容易受到相应冲击，例如，主要精力用于争夺比赛奖牌而忽视全民健身、应试教育冲击学校体育课等，因此特别规定了要向本级人大或者其常委会报告这两项工作，希望人大能够监督政府做好这两项重要的体育工作。

### 2.2 关于修改章名的 3 章

除了前面介绍的新增加 4 章外，本次修法还修改了 3 章名称，并对内容作了较多扩充。

#### 2.2.1 将“社会体育”章名修改为“全民健身”

近年来，重要规划和文件中更多地使用了“全民健身”这个表述，因此修法时对章名做了修改，同时对内容作了大量扩充。政府体育工作必须将全民健身摆在首位，是调研和讨论中共识度最高的内容。较早期的讨论考虑过在此次修法中明确“保证公民的体育权利”这个要求，但对这个权利定义取得共识较为困难（王进 等，2021），后来就没有采用“什么是”的表达，而是用了“如何做”的表达。

与95版《体育法》中“社会体育”章相比，“全民健身”章新增的主要内容包括第十六条“国家实施全民健身战略，构建全民健身公共服务体系，鼓励和支持公民参加健身活动，促进全民健身与全民健康深度融合”，第十八条“国家推行全民健身计划，制定和实施体育锻炼标准，定期开展公民体质监测和全民健身活动状况调查，开展科学健身指导工作。国家建立全民健身工作协调机制。县级以上人民政府应当定期组织有关部门对全民健身计划实施情况进行评估，并将评估情况向社会公开”等。第十八条规定“国家建立全民健身工作协调机制”，看上去仅有一句话，但对工作推动有着重要意义。全民健身需要投资、场地、场所、专业人员、活动和赛事组织等，仅靠体育行政部门难以及时有效推动落实，多部门协调机制的建立十分重要，由政府主要领导或分管领导牵头组建多部门协调机制最为理想，工作力度较大，由体育行政部门牵头形成多部门协商机制则是一个底线要求。实践表明，这是将各项要求落到实处的重要保障。其他章中也有多处涉及全民健身相关内容，如在第八章“保障条件”中，从规划设计、建设配置、开放管理等方面细化了全民健身保障条件。

#### 2.2.2 将“学校体育”章名修改为“青少年和学校体育”

95版《体育法》中，“学校体育”章只有8条，现在扩充为15

条，并且将章名修改为“青少年和学校体育”。章名修改有两点主要考虑。一是有相当比例的高中和大学年龄段的青少年离开学校走向社会，政府体育公共服务应该同样关注这些青少年，应将其纳入法律保障范围。同时，也应该鼓励那些完成高等教育后走入社会的年轻人参加体育活动。为此，法律修改时关注了有些表述，例如，第二十八条规定，“国家定期举办全国学生（青年）运动会。地方各级人民政府应当结合实际，定期组织本地区学生（青年）运动会”。二是学生校外体育活动明显增多，应将相关内容纳入《体育法》。第三十七条规定，“体育行政部门会同有关部门引导和规范企业事业单位、社会组织和体育专业人员等为青少年提供体育培训等服务”。从发达国家经验看，在校学生参加校外培训活动，体育类位居首位，校外体育培训能够为学生多样化的体育爱好提供更加细分的培训和运动机会，帮助他们提升技能和兴趣，使他们成人后更有可能参与体育活动和观赏体育赛事。总之，要让体育在青少年全面发展和健康成长中具有日益提高的重要地位。

与95版《体育法》相比，新修订的《体育法》在学校体育方面扩充了大量内容，不过，其中大部分内容已经在相关文件和规划中有过要求，但将这些政策性要求纳入法律规范之中，就成为依法行政的内容，成为学校的法定责任。例如，第二十六条规定，“学校必须按照国家有关规定开齐开足体育课，确保体育课时不被占用”；第二十七条规定，“学校应当将在校内开展的学生课外体育活动纳入教学计划，与体育课教学内容相衔接，保障学生在校期间每天参加不少于一小时体育锻炼。鼓励学校组建运动队、俱乐部等体育训练组织，开展多种形式的课余体育训练，有条件的可组建高水平运动队，培养竞技体育后备人才”；第三十二条规定，“学校应当按照国家有关标准配置体育场地、设施和器材，并定期进行检查、维护，适时予以更新。学校体育场地必须保障体育活动需要，不得随意占用或者挪作他用”；第三十四条规定，“幼儿园应当为学前儿童提供适宜的室内外活动场地和体育设施、器材，开展符合学前儿童特点的体育活动”；第八十九条规定，“国家发展体育专业教育，鼓励有条件的高等学校培养教练员、裁判员、体育教师等各类体育专业人才，鼓励社会力量依法开展体育专业教育”。

在较早期的讨论中，有不少建议提出应当在法律中明确将体育纳入中考、高考科目或者是纳入中考、高考考试内容，认为如此才能在“应试”教育一时难以扭转的大环境下保证学校足时保质地推进体育教育。但是也存在不少担心和疑问，诸如“考什么”“怎么考”等一系列复杂的问题并没有实践或试点基础，很可能影响考试公平甚至引发乱局。考虑各种因素，此次修改没有提出将体育纳入中考、高考的要求，而是在第二十九条中规定，“国家将体育科目纳入初中、高中学业水平考试范围，建立符合学科特点的考核机制”。这是实践中的普遍做法，此次用法律形式强化了这一要求。

#### 2.2.3 将“体育团体”章名修改为“体育组织”

2013年，党的十八届三中全会明确提出加快实施政社分开，推进社会组织明确权责、依法自治、发挥作用，并提出限期实现行业协会商会与行政机关真正脱钩。近年来，关于体育社会组织特别是全国性单项体育协会如何改革，一直是体育领域的一个热点，也是95版《体育法》修改过程中比较关注的问题之一。

新修订的《体育法》重点是明确全国性单项体育协会的法律定

位和法定职责。除了修改章名外，重点还有以下新增加的内容。一是第六十五条明确，“全国性单项体育协会是依法登记的体育社会组织，代表中国参加相应的国际单项体育组织，根据章程加入中华全国体育总会、派代表担任中国奥林匹克委员会委员”。这一条确定了以往由体育行政部门管理的单项体育协会即使“脱钩”，其代表中国参加国际单项体育组织、成为中华全国体育总会成员和参加中国奥林匹克委员会等以往所具有的重要地位也没有改变。二是明确了全国性单项体育协会的法定职责，即第六十五条规定的“全国性单项体育协会负责相应项目的普及与提高，制定相应项目技术规范、竞赛规则、团体标准，规范体育赛事活动”。这明确了全国性单项体育协会需要承担保障行业规范和提供公共服务的义务。三是明确了单项体育协会与体育行政部门的关系，这是体育改革中各方面都很关心的问题——“脱钩”后的全国性单项体育协会与体育行政部门是什么关系？第六十七条规定，“单项体育协会应当接受体育行政部门的指导和监管，健全内部治理机制，制定行业规则，加强行业自律”。不过，关于如何指导和监管什么，并没有具体规定，还需要在实践中探索总结，不断理顺体制机制。

## 2.3 关于新增加的 3 项重要内容

### 2.3.1 增加了职业体育相关内容

职业体育是这次修法中新增加的内容，在修法过程中受到较多关注。职业体育既是体育产业中专业水准最高的耀眼明珠，也是竞技体育中受众最广的体育日常，这两个截然不同的身份使社会不同方面对其期待和要求很不相同。近些年，我国职业体育发展中存在的问题引起社会较多关注，各方面很关注这次修法中关于职业体育的表达。由于法律文本结构的技术性考虑（职业体育既是体育产业的重要部分，也是竞技体育的重要部分），也由于各方的意见比较发散，因此职业体育没有独立成章，内容也比较有限，主要分布在“竞技体育”和“体育产业”两章中。

在讨论中，许多观点认为我国职业体育存在不少问题，例如，缺乏体育精神、存在拜金主义、竞赛秩序混乱、竞赛水平不高等，认为要强调规范其行为方面的内容；但也有观点认为发展不足是主要问题，要大力促进发展，规范是在发展中规范。最终法律文本对发展和规范两个方面都做了强调。第四十条提出，“国家促进和规范职业体育市场化、职业化发展，提高职业体育赛事能力和竞技水平”，既讲了促进也讲了规范。第七十二条规定，“国家完善职业体育发展体系，拓展职业体育发展渠道，支持运动员、教练员职业化发展，提高职业体育的成熟度和规范化水平”，通过“完善”“拓展”“支持”“提高”8个字提出了“做什么”,通过“成熟度”和“规范化”提出了“要什么”，表明了发展和规范两方面的要求。由于职业体育组织结构的独特性，如何定位职业体育俱乐部的市场地位也备受关注。第七十二条的表述是，“职业体育俱乐部应当健全内部治理机制，完善法人治理结构，充分发挥其市场主体作用”，由于我国职业体育仍然处于持续改革过程中，在这里选择了一种比较宽松的规定，并没有直接将职业体育俱乐部定义为独立的市场主体，同时没有放弃向这个方向推进，表述为“充分发挥其市场主体作用”。不从定义的角度而从行为的角度去讲，既为今后的探索规定了方向，也为继续完善改进留下余地。

在“竞技体育”章，还有一条与职业体育关系密切的规定。即第五十二条规定，“在中国境内举办的体育赛事，其名称、徽记、旗帜及吉祥物等标志按照国家有关规定予以保护。未经体育赛事活动组织者等相关权利人许可，不得以营利为目的采集或者传播体育赛事活动现场图片、音视频等信息”。以往多年，体育赛事标志和体育赛事转播领域的问题较多。我国有数亿职业体育观赏者，一个流行体育项目仅国内收视人数就可以达到上千万甚至过亿（江小涓，2019），一些国际赛事中国站或中国赛场的收视率也是全球最高，市场巨大、利益巨大，然而侵权现象屡禁不止，花样不断翻新，因此要求规范的呼声很高。新增加的内容并没有明确界定“体育转播权”这个国内外都尚有争议的权利内涵，却描述了体育赛事转播所涉及的主要形态和内容并作出保护规定，为解决现实中存在的问题提供了基本的法律依据。

职业体育“入法”较好地平衡了发展与规范两个方面，有重要的现实意义。我国职业体育中，有些项目在国际赛事中成绩突出，但“人气”并不太足，因此商业价值也不够高；有些项目尽管国际赛事成绩不尽如人意，但“人气”较旺，商业价值高。虽然希望所有项目都能两者兼备，但一时难以做到，就不应该用“成绩”或“人气”作为唯一评价标准，特别是不应该以国际赛事成绩来评价一个项目发展的全部价值。毫无疑问，职业体育项目在国际重大比赛中取得佳绩，必定万众瞩目、激动人心、弘扬国威、提升自信，意义十分重大，各国都高度重视。但这类比赛场次毕竟有限，是壮丽而短促的场景。对亿万球迷来说，每年多个项目的数百场次赛事已是他们日常生活的一部分，从中能够获得刺激、愉悦、满足、归属感等精神享受，社会价值巨大。总之，国际赛事成绩优异是梦想和奋斗的事业，是国家形象展示，是体育领域中高耸的顶峰；日常比赛是人民群众美好生活场景的一部分，是体育爱好者的日常，是体育产业的重要部分。为了实现梦想值得持久努力，但也要重视职业体育界的平常赛事和广大体育消费者的日常观赏，多样性才能构成多彩风景。

### 2.3.2 增加了运动员权益保障的相关内容

95版《体育法》制定时，运动员权益保障并不是一个突出问题，因此只在第二十八条规定了“国家对优秀运动员在就业或者升学方面给予优待”。那时体育没有职业化，专业运动员人数有限，注册转会、薪酬保障、退役出路等都还不是突出问题，长期遵循的竞争体育项目从小“选苗”、高强度培养和义务教育保障水平低等问题也未引起体育界和社会的广泛关注。最近10年，这些问题开始受到重视，也有若干行政法规和文件提出要求，例如，《国务院办公厅转发体育总局等部门关于进一步加强运动员文化教育和运动员保障工作指导意见的通知》（国办发〔2010〕23号）针对运动员的义务教育保障问题作出了明确规定。将这些文件中的内容“入法”是法律修改中各方普遍提出的要求，因此，在“竞技体育”章中增加多条相关内容。针对高强度不科学训练导致运动员身心健康受到损害的问题，第四十三条规定，“国家加强体育训练科学技术研究、开发和应用，对运动员实行科学、文明的训练，维护运动员身心健康”。针对许多处于义务教育年龄段小运动员在接受专业化训练的同时文化教育被忽视的问题，第四十四条规定，“国家依法保障运动员接受文化教育的权利。体育行政部门、教育行政部门应当保障处于义务教育阶段的运动员完成义务教育”。针对职业体育俱乐部之间和地方运动队之间运动员注册纠纷增多的问题，第四十五条规定，“国家依法保障运动员选择注册与交流的权利。运动员可以参加单项体育协会的注册，并按照有关规定进行交流”。针对专业和职业运动员增多、退役后再就业困难的问题，第四十七条规定，“各级人民政府加强对退役运动员的职业技能培训和社会保障，为退役运动员就业、创业提供指导和服务”。

此外，“青少年和学校体育”章第三十一条规定，“学校优先聘用符合相关条件的优秀退役运动员从事学校体育教学、训练活动”。“保障条件”章第九十条规定，“国家鼓励建立健全运动员伤残保险、体育意外伤害保险和场所责任保险制度”。总之，运动员特别是未成年运动员作为体育领域的分散个体，发声和行为能力相对较弱，特别需要法律保障其正当权益，保障他们健康成长。

### 2.3.3 增加了体育科技的相关内容

现代体育早已不仅仅是体能和技能的直接表现，其背后的科技支撑作用突出，特别是高水平竞技体育，是体能技能、文化心理、经济科技等多方面的综合体现。未来的竞技体育强国，首先一定是体育科技强国。体育也是最新科技率先应用的重要领域，当下的数字技术、材料科学、人工智能等科技都首先在体育中得到应用。从“5G ＋ 8K”通信技术引入比赛直播到移动跟随技术辅助裁判员，从运动员赛服新材料的使用到运动员训练的智能化技术运用，从体育场馆生态环保的追求到大数据管理技术应用，还有运动健身领域的健身平台、户外运动平台等，体育科技无处不在。

新修订的《体育法》增加了加强和支持体育科技发展的条款，

包括第十二条规定“国家支持体育科学研究和技术创新，培养体育科技人才，推广应用体育科学技术成果，提高体育科学技术水平”，第四十三条规定“国家加强体育训练科学技术研究、开发和应用，对运动员实行科学、文明的训练，维护运动员身心健康”，第五十九条规定“国家鼓励开展反兴奋剂科学技术研究，推广先进的反兴奋剂技术、设备和方法”，第七十一条规定“国家支持体育用品制造业创新发展，鼓励企业加大研发投入，采用新技术、新工艺、新材料，促进体育用品制造业转型升级”等。

我国体育人口多，市场规模大，各类体育产业都有较好基础，体育平台和企业商业模式创新活跃，国家高度重视科技创新，再加上法律保障更加完善，这些有利条件汇聚起来，有望在体育科技创新与应用方面走在世界前列，进入第一方阵，助力中国成为世界体育强国。

## 3　参与《体育法》修改的体会和认识

参与《体育法》修改工作是一个不断学习和提高认识的过程，笔者有以下几点深切体会和认识。

### 3.1　修法恰逢重要时点，将促进我国体育事业、体育产业发展迈上新台阶

“重要时点”体现在以下 4 个方面。第一，此次《体育法》修改，恰逢毛泽东主席“发展体育运动，增强人民体质”重要题词 70 周年，将这个题词全文写入《体育法》总则中，符合国家推动体育发展的初心，符合体育发展规律，符合人民群众对体育发展的期待，深得

各方赞同，需要发扬光大。第二，《体育法》修改前一段时间，北京冬奥会、冬残奥会在我国成功举办，社会各方对体育的关注和参与达到新高度。新修订的《体育法》在体育发展这个“高光”时刻颁布实施，有利于各级政府、体育界和全社会关注和学习贯彻。第三，我国进入中国特色社会主义现代化建设新阶段，人民群众对体育发展有更高期待和新的要求，《体育法》对政府提供体育公共服务提出了更多更高的要求，体育发展得到高度重视，也有利于吸引更多资金和产业进入体育产业中。第四，今后几年没有在我国举办的国际重大赛事，可以抓紧时机集中力量推进各项体育工作转型升级，理顺体制机制，做好普法宣传。

### 3.2 修法坚持以人民为中心并照顾特殊群体

此次《体育法》修改特别强调以人民为中心，这个理念贯穿修法全过程。“总则”部分有多个条款强调上述理念和要求，例如，第二条要求“体育工作坚持中国共产党的领导，坚持以人民为中心，以全民健身为基础”，第五条规定“国家依法保障公民平等参与体育活动的权利，对未成年人、妇女、老年人、残疾人等参加体育活动的权利给予特别保障”，第六条规定“国家扩大公益性和基础性公共体育服务供给，推动基本公共体育服务均等化，逐步健全全民覆盖、普惠共享、城乡一体的基本公共体育服务体系”，第七条规定“国家采取财政支持、帮助建设体育设施等措施，扶持革命老区、民族地区、边疆地区、经济欠发达地区体育事业的发展”。还有条款强调将青少年和学校体育发展放在优先地位、强调运动员权益保障、强调公共体育场所和设施提供等，都是坚持以人民为中心，坚持为人民群众提供多样化基本公共体育服务的具体体现。

### 3.3 修法将弘扬体育精神放在引领地位

体育和其他事业、产业的重要不同是体育精神在体育全域全程中的重要地位。体育也是各类事业和产业中，精神价值共识最多、行为规则共性最强的领域。以“为国争光、无私奉献、科学求实、遵纪守法、团结协作、顽强拼搏”为主要内容的中华体育精神深入人心，因此修法中将弘扬中华体育精神放在重要引领地位。“总则”第一条就开卷明宗，指出“为了促进体育事业，弘扬中华体育精神，培育中华体育文化，发展体育运动，增强人民体质，根据宪法，制定本法”，第十四条规定“弘扬奥林匹克精神，支持参与国际体育运动”，第九条要求开展和参加体育活动遵循“诚实守信、尊重科学”等原则。“竞技体育”章第五十一条要求“体育赛事实行公平竞争的原则”，第四十二条强调“运动员应当积极参加训练和竞赛，团结协作，勇于奉献，顽强拼搏，不断提高竞技水平”，第三十九条鼓励运动员“在体育赛事中创造优异成绩，为国家和人民争取荣誉”。“反兴奋剂”章第五十三条提出“国家提倡健康文明、公平竞争的体育运动”。法律对弘扬体育精神的高度重视，将引领体育战线共同努力，让体育真正发挥强壮体魄、文明精神的双重价值。

### 3.4 再接再厉推动《体育法》落实到位，推动体育强国建设迈上新台阶

新修订的《体育法》有些部分仅作了方向指引或原则规定，留下由体育行政部门和其他部门制定实施办法或细则的要求，《体育

法》修改后还涉及诸多政策规章的立改废释等工作，这些任务很重，时间也很紧迫。新修订的《体育法》中明确的后续工作至少有以下7点：社会体育指导员管理办法由国务院体育行政部门规定（第十九条）；代表国家和地方参加国际、国内重大体育赛事的运动员和运动队组建办法由国务院体育行政部门规定（第四十九条）；国家对体育赛事活动实行分级分类管理，具体办法由国务院体育行政部门规定（第五十条）；国务院体育行政部门负责制定反兴奋剂规范（第五十五条）；国务院体育行政部门会同国务院药品监管、卫生健康、商务、海关等部门制定、公布兴奋剂目录，并动态调整（第五十六条）；国务院体育行政部门依照本法组织设立体育仲裁委员会，制定体育仲裁规则（第九十三条）；国务院体育行政部门会同有关部门制定、调整高危险性体育项目目录并予以公布（第一百零五条）。

这其中每一条都对体育行政部门提出了工作要求，有些工作（如设立体育仲裁委员会、制定体育仲裁规则等）情况较为复杂，实践基础也不厚实，需要权衡的因素较多，需要立足我国国情并借鉴国外经验，组织力量抓紧推进，使新修订的《体育法》施行后能够较快落地、见到实效，规范引领我国体育事业、体育产业在较高水平上加快发展、规范发展，加快推进体育强国和健康中国建设。

（原文刊载于《体育科学》2022年第10期）

# 新时代体育事业发展的法治保障

国家体育总局政策法规司

2022 年 6 月 24 日，《中华人民共和国体育法》（以下简称《体育法》）由十三届全国人大常委会第三十五次会议修订通过，自 2023 年 1 月 1 日起施行。《体育法》的修订，是贯彻习近平法治思想和习近平总书记关于体育的重要论述的重要体现，是落实全面依法治国基本方略的重要举措，是解决体育领域不平衡不充分问题的重要途径，是提升体育治理体系和治理能力现代化水平的重要保障，标志着我国体育法治建设进入了新阶段，对于新时代规范引领体育事业高质量发展，加快推进体育强国和健康中国建设具有十分重要的意义。

## 一、《体育法》修订的背景和过程

1995 年 8 月 29 日，八届全国人大常委会第十五次会议全票通过《体育法》，填补了国家在体育领域立法的一项空白，结束了体育事业无法可依的历史，使体育工作走上了依法行政的轨道。作为体育领域唯一的一部专门法律，《体育法》全面反映了党和国家的体育政策，调整规范了我国体育领域的基本关系，是我国体育事业发展的基础性法律，在我国体育法律规范体系中居于核心地位。在

《体育法》的引领下，截至 2021 年 12 月 31 日，我国现行有效的体育法律规范包括 1 部体育法律，7 部体育行政法规，31 部体育部门规章，165 件体育规范性文件，269 件地方性体育法规、规章和规范性文件，初步形成了体育法律规范体系，对我国体育事业有序健康发展起到了至关重要的作用。

党的十八大以来，以习近平同志为核心的党中央围绕加快推进体育强国建设提出了一系列新理念、新思想、新战略，为做好新时代体育工作提供了根本遵循，也为加强体育法治建设指明了前行方向。体育事业得到迅速发展，包括全民健身、竞技体育、青少年体育、体育产业、体育文化和对外体育交往等各领域都取得了长足进步。体育强国和健康中国新征程的开启，对新时代体育事业改革发展提出了更高的要求。同时，体育领域一些新问题、新矛盾逐渐凸显，如体育发展不平衡不充分的问题比较突出，人民群众多元化、多层次的体育需求尚未得到较好满足，各类体育主体的权利义务关系有待法律进一步明确，体育行业监管亟须加强，这些问题都对《体育法》修订提出了迫切要求。

2010 年，在《体育法》颁布 15 周年之际，体育界、法律界在充分肯定《体育法》作用的同时，认为其中的部分条款已经无法适应我国体育改革发展的现状和实践，提出了修改建议，一些学者也开始着手研究相关条款的适用性和新增情形的补充条款。2017 年 6 月，国家体育总局政策法规司牵头组织《体育法》修改筹备工作，先后成立组织工作组、研究起草组和专家顾问组，通过实地调研、专题研究和座谈讨论等多种形式，着手开展修改工作。2017 年 11 月，国家体育总局将《体育法》修改初稿提交全国人大教科文卫委员会审议。2018 年 9 月，《体育法》修改作为第二类项目被列入《十三届全国人大常委会立法规划》，明确由全国人大社会建设委员会（以下简称“全国人大社建委”）牵头负责。2019 年 8 月，推动《体育法》修改相关内容列入《体育强国建设纲要》。2020 年 8 月 30 日，国家体育总局召开《体育法》颁布实施 25 周年座谈会，再次听取专家学者意见建议。2020 年 11 月，《体育法》修改被列入《全国人大常委会 2021 年度立法工作计划》。随后，全国人大社建委正式启动《体育法》修改工作，在国家体育总局前期工作基础上，组织多层级、大范围调研，深入了解《体育法》实施的情况、存在的问题、修订的重点和可能的解决方案。

2021 年 3 月 19 日，全国人大社建委在前期调研等工作的基础上，牵头成立《体育法》修改工作领导小组，成员包括全国人大常委会法制工作委员会（以下简称“全国人大常委会法工委”）、最高人民法院、发展改革委、教育部、民政部、司法部、自然资源部、住房城乡建设部、文化和旅游部、卫生健康委、市场监管总局、体育总局、全国总工会、中国残联等，并召开领导小组第一次会议，就《体育法（修订草案建议稿）》征求成员单位意见建议。9 月 28 日，全国人大社建委根据各方意见建议再次对“草案建议稿”修改完善，形成《体育法（修订草案）》（共 11 章，109 条），并经委员长会议同意，提请全国人大常委会全体会议审议。10 月 19—23 日，十三届全国人大常委会第三十一次会议对《体育法（修订草案）》进行第一次审议。

此后，全国人大常委会法工委负责《体育法》修订工作，广泛征求最高人民法院、最高人民检察院、国务院相关部门意见，多次组织开展实地调研、视频座谈，倾听运动员、教练员等一线体育从业人员的意见，多次和体育总局进行工作层面会商研讨，不断推敲打磨相关条文，取得了丰硕的成果。2022 年 3 月 23 日，全国人大宪法和法律委员会第 201 次全体会议进行审议（增至 12 章，110 条）。4 月 14—15 日，中共中央政治局委员、全国人大常委会副委员长王晨在国家体育总局就《体育法》修订工作开展专题调研。4 月 18—20 日，十三届全国人大常委会第三十四次会议进行第二次审议（共 12 章，增至 116 条）。5 月 16 日，全国人大宪法和法律委员会第 202 次全体会议进行审议（共 12 章，增至 121 条）。5 月 24 日，全国人大常委会法工委召开《体育法》修订草案通过前评估会，对主要制度规范的可行性、法律出台时机、法律实施的社会效果等方面进行评估。

2022 年 6 月 21—24 日，十三届全国人大常委会第三十五次会议审议并表决通过《体育法（修订草案）》。6 月 24 日，《体育法》经中华人民共和国主席习近平签署主席令正式颁布。

## 二、《体育法》修订的基本原则

（一）坚持党的领导。坚持党对立法工作的领导是《体育法》修订的首要原则。修订过程坚持以习近平新时代中国特色社会主义思想为指引，深入贯彻习近平法治思想，坚决贯彻习近平总书记关于体育的重要论述，深刻认识“两个确立”的决定性意义，增强“四个意识”、坚定“四个自信”、做到“两个维护”，自觉把修法工作放在党和国家工作大局中去考虑、去谋划、去推进，将党的主张通过法定程序转化为国家意志，进一步实现党对体育工作领导的制度化、规范化、法治化，真正把党的领导贯彻到依法治体的全过程、各环节。

（二）坚持以人民为中心。坚持以人民为中心是《体育法》修订的价值取向。体育是人民的事业，《体育法》的修订以人民对体育的需求为出发点和落脚点，着眼于满足人民群众多层次、多样化的体育需求，提供更多、更好的公共体育服务，让人民群众共享体育发展成果，不断满足人民群众对美好生活的向往。《体育法》修订将全过程人民民主贯穿始终，实现“开门立法”，在立法工作的立项、起草、审议、论证、评估、监督和宣传等各环节反映民情、倾听民意、汇集民智，充分发扬民主，强化社会各界和基层群众的直接有序参与。

（三）坚持问题导向。坚持问题导向是《体育法》修订的重要方法。《体育法》修订过程中针对体育事业发展中的基本关系和重大问题进行认真分析，深入研究，找到问题症结，制定解决措施，更好发挥法治引领、规范与保障作用。当前，体育事业改革发展面临诸多问题，主要包括全民健身、竞技体育发展不协调，全民健身公共服务体系不健全，体育促进全民健康的作用发挥不充分，体育社会组织发展不规范，竞技体育后备人才培养体制不顺畅，体育产业发展不平衡，体育纠纷解决机制特别是体育仲裁制度缺失，体育市场监督管理不到位，体育执法与市场发展不相适应等。修订工作坚持问题导向，对这些问题均作出积极回应，着力明确和完善相关制度规定，推动体育法治化走向更高水平。

（四）坚持规范引领。规范引领体育事业发展是《体育法》修订的重要目的。把体育领域经过实践证明的、切实有效的改革举措、成熟经验和制度性安排用法律形式固定下来，为推动体育领域深化改革，维护体育发展良好秩序，更好保障人民群众体育权益提供有力法治保障。修订工作着眼于2035年建成体育强国的战略目标，充分发挥《体育法》在体育改革发展中的法治保障作用，统筹发展和安全，正确处理体育领域各方面关系，合理调整体育利益，严格规范体育秩序，引领体育事业高质量发展。

## 三、《体育法》修订的主要内容

经过修订，《体育法》由原来的8章54条增至12章122条，包括总则、全民健身、青少年和学校体育、竞技体育、反兴奋剂、体育组织、体育产业、保障条件、体育仲裁、监督管理、法律责任和附则。针对新时代出现的新挑战和新问题，《体育法》修订直面体育现实问题，积极回应人民群众的新要求、新期待，为新时代体育事业发展提供了坚实的法治保障。

（一）关于全民健身方面。为突出全民健身在体育事业发展中的基础性作用，新修订的《体育法》将原《体育法》第二章“社会体育”章名修改为“全民健身”，明确国家实施全民健身战略，构建全民健身公共服务体系，鼓励和支持公民参加健身活动，促进全民健身与全民健康深度融合。为加强对全民健身工作的领导和协调，增加“国家建立全民健身工作协调机制”的规定。为充分发挥社会体育指导员对全民健身活动的指导作用，确立了社会体育指导员制度。针对全民健身场地设施问题，新修订的《体育法》在第八章“保障条件”中，从规划设计、建设配置、开放管理等方面，细化了全民健身保障条件，从制度上解决老百姓“健身去哪儿”的难题。

（二）关于青少年和学校体育方面。为增强青少年体育健身意识，促进青少年身心健康和体魄强健，新修订的《体育法》将原《体育法》第三章“学校体育”章名修改为“青少年和学校体育”，提出“国家实行青少年和学校体育活动促进计划，健全青少年和学校体育工作制度”，将青少年和学校体育置于优先发展的战略地位。为解决体育科目不受重视、体育课时经常被占用等问题，新修订的《体育法》明确要求学校必须开齐开足体育课，保障学生在校期间每天参加不少于一小时体育锻炼。针对青少年体质下降问题，明确体育行政部门应当在传授体育知识技能、组织体育训练、举办体育赛事活动、管理体育场地设施等方面为学校提供指导和帮助，组织、引导青少年参加体育活动，预防和控制青少年近视、肥胖等不良健康状况。为厚植竞技体育后备人才基础，要求体育行政部门配合教育行政部门推进学校运动队和高水平运动队建设。

（三）关于竞技体育方面。新修订的《体育法》从体育竞赛管理、运动员权利保护、职业体育规范与促进等方面修改完善了竞技体育条款。特别是在运动员权利保护方面，多措并举，全面发力，规定对运动员实行科学、文明的训练，维护运动员身心健康；依法保障运动员接受文化教育的权利；依法保障运动员选择注册与交流的权利；对优秀运动员在就业、升学方面给予优待；加强对退役运动员的职业技能培训和社会保障，为退役运动员就业、创业提供指导和服务。为确保选用公廉，规定代表国家和地方参加国际、国内重大体育赛事的运动员和运动队，应当按照公开、公平、择优的原则选拔和组建。

（四）关于体育产业方面。近年来，我国体育产业发展迅速、前景广阔，对调整经济结构、增加就业、培育新的经济增长点和满足人民群众多样化体育需求具有重要意义。新修订的《体育法》明确了国家发展体育产业的基本立场和具体措施，在“总则”中规定国家支持体育产业发展，完善体育产业体系，规范体育市场秩序，鼓励扩大体育市场供给，拓宽体育产业投融资渠道，促进体育消费。增加“体育产业”一章，具体规定了体育产业发展规划、工作协调机制、体育产业范围，支持体育用品制造业、体育服务业和职业体育发展，支持地方发展具有区域特色、民族特色的体育产业，建立健全区域体育产业协调互动机制，鼓励社会资本投入体育产业，培养体育产业专业人才，完善体育产业统计体系等内容。

（五）关于职业体育方面。职业体育是体育市场化、社会化发展的重要形态，既有竞技体育的特性，也有体育产业的属性。国务院相关政策文件中多次提出要推进职业体育改革，拓宽职业体育发展渠道，鼓励具备条件的运动项目走职业化道路，支持运动员、教练员职业化发展。新修订的《体育法》在第四章“竞技体育”中规定，国家促进和规范职业体育市场化、职业化发展，提高职业体育赛事能力和竞技水平。在第七章“体育产业”中规定，国家完善职业体育发展体系，拓展职业体育发展渠道，支持运动员、教练员职业化发展，提高职业体育的成熟度和规范化水平；职业体育俱乐部应当健全内部治理机制，完善法人治理结构，充分发挥其市场主体作用。这些规定为我国职业体育发展明确了方向。

（六）关于反兴奋剂方面。党中央、国务院历来高度重视反兴奋剂工作，坚决维护体育运动的纯洁、健康和公平竞争，禁止在体育运动中使用兴奋剂。新修订的《体育法》新增“反兴奋剂”一章，规定国家建立健全反兴奋剂制度；县级以上人民政府体育行政部门会同相关部门对兴奋剂问题实施综合治理；国务院体育行政部门负责制定反兴奋剂规范；国家设立反兴奋剂机构；反兴奋剂机构依法公开反兴奋剂信息，并接受社会监督；国家根据缔结或参加的有关国际条约，开展反兴奋剂国际合作，履行反兴奋剂国际义务。这些规定再次表明了我国在反兴奋剂问题上的坚定立场和坚决态度。

（七）关于弘扬中华体育精神方面。以“为国争光、无私奉献、科学求实、遵纪守法、团结协作、顽强拼搏”为主要内容的中华体育精神反映了我国体育事业的价值导向和文化追求，是中华优秀传统文化在中国体育实践中的具体体现，是中国精神的重要体现。新修订的《体育法》在“总则”中明确“弘扬中华体育精神”，提出开展和参加体育活动遵循“诚实守信、尊重科学”等原则；在第四章“竞技体育”中明确“体育赛事实行公平竞争的原则”；在第五章“反兴奋剂”中提出“国家提倡健康文明、公平竞争的体育运动”等。通过新修订的《体育法》对“中华体育精神”的规定和在具体条款中的落实，将进一步激发体育人使命在肩、奋斗有我的精神，为社会传递更多正能量，为中华民族伟大复兴提供凝心聚气的强大精神力量。

（八）关于体育组织方面。体育组织是推动体育事业发展的重要力量，其法律定位及职责权限与体育管理体制改革和政府职能转变密切相关。新修订的《体育法》将“体育社会团体”修改为“体育组织”，明确体育组织依照法律法规和章程开展活动；规定全国性单项体育协会是依法登记的体育社会组织，明确其“制定相应项目技术规范、竞赛规则、团体标准，规范体育赛事活动”等业务范围；界定了体育行政部门与单项体育协会的关系，单项体育协会应当接受体育行政部门的指导和监管，强调单项体育协会的内部治理和行业自律。新修订的《体育法》从单项体育协会实体化改革的实践出发，为体育组织的健康发展提供了法治保障。

（九）关于体育仲裁方面。建立独立的体育仲裁制度是《体育法》修订高度关注的重要问题。新修订的《体育法》增加“体育仲裁”一章，明确国家建立体育仲裁制度，及时、公正解决体育纠纷。该章规定了体育仲裁的原则、范围、程序等基本制度，确定了体育仲裁委员会的组建规则，明确了体育仲裁与体育组织内部纠纷解决机制、其他仲裁制度、法院司法管辖等的关系，规定了建立体育仲裁特别程序等。体育仲裁制度的建立，破解了长期以来困扰我国体育纠纷解决的制度障碍，有利于在体育领域中强化法律和规则意识，开辟新的权利救济渠道，及时、公正解决体育纠纷，更好保护当事人的合法权益，同时也能在一定程度上避免国内纠纷国际化问题的出现。

（十）关于监督管理方面。近年来，体育经营活动日益增多，体育市场蓬勃发展，但各类体育市场乱象也不断出现。为了加强体育行业监督管理工作，新修订的《体育法》增加“监督管理”一章，规定了体育行政部门和公安、市场监管、应急管理等部门的监督管理职责；明确了体育赛事活动组织者的安全保障义务，以及因突发事件及时中止体育赛事活动的“熔断机制”；明确建立体育项目管理制度，规定新设体育项目由国务院体育行政部门认定；建立完善经营高危险性体育项目、举办高危险性体育赛事活动的行政许可制度；提出地方人民政府应当建立体育执法机制，为体育执法提供必要保障等。

（十一）关于对外体育交往方面。党的十八大以来，对外体育交往日趋活跃，对外体育工作不断深化，体育成为搭建民心相通的重要桥梁。新修订的《体育法》将原“总则”中“维护国家主权和尊严”修改为“维护国家主权、安全、发展利益和尊严”，并增加“弘扬奥林匹克精神，支持参与国际体育运动”。同时，在“附则”中增加一条规定，“任何国家、地区或者组织在国际体育运动中损害中华人民共和国主权、安全、发展利益和尊严的，中华人民共和国可以根据实际情况采取相应措施”。强调国家鼓励开展对外体育交往，弘扬奥林匹克精神，维护国家主权、安全、发展利益和尊严，推动构建人类命运共同体。

## 四、切实推动《体育法》贯彻实施

《体育法》的修订和颁布实施全面开启了我国体育法治建设的新篇章，我们要认真学习、深入贯彻、严格落实，进一步推动法治政府建设和全面依法治体，为体育强国建设营造良好的法治环境。

（一）精心组织开展学习。把学习宣传贯彻《体育法》作为一项重大任务，与学习贯彻习近平新时代中国特色社会主义思想结合起来，与学习贯彻习近平法治思想和习近平总书记关于体育的重要论述结合起来。特别是各级体育行政部门领导干部和工作人员要带头学、深入学，通过举办专题培训班、邀请专家授课等方式，确保准确把握《体育法》精神实质和核心要义，吃准吃透每个条文的内涵和外延，并能在实际工作中灵活运用、落实到位。

（二）认真做好普法宣传。按照《“十四五”体育法治建设规划》《体育总局关于贯彻落实法治宣传教育第八个五年规划（2021—2025年）的实施意见》相关要求，扎实做好《体育法》宣传教育和贯彻实施工作。丰富和创新体育法治宣传教育方式，定期组织开展对运动员、教练员、裁判员和体育行业其他从业人员的专题培训，积极利用新媒体开展面向社会公众的普法活动。组织召开相关学术论坛和研讨会，制作一批普法宣传手册、挂图、微视频等普法产品，推动全社会形成学习宣传《体育法》的良好氛围。

（三）着力完善配套制度。认真对标对表新修订的《体育法》规定要求，扎实做好相关政策文件的立改废释工作。及时制定体育仲裁规则、体育项目认定管理办法、高危险性体育赛事活动目录等重要部门规章和规范性文件。全面梳理体育领域现有的法规、规章和规范性文件，做好修订完善工作。国家体育总局运动项目管理中心、全国性单项体育协会进一步完善体育项目制度标准规范，地方体育行政部门推动本地区相关地方性法规、地方政府规章的修订，尽快形成以新修订的《体育法》为龙头，以若干行政法规和地方性法规、规章为主干，以若干规范性文件为补充，系统全面的体育法律规范体系。

（四）加强落实督导检查。健全责任落实机制，明确责任分工，制订细化落实方案，明确完成各项任务的时间表、路线图。体育系统各部门各单位将积极行动、主动作为，加快新修订的《体育法》在项目层面和地方层面的落实。同时，加大对新修订的《体育法》学习宣传贯彻的督导检查力度，及时发现问题，总结推广经验，确保各项规定落到实处，切实保障体育事业健康有序发展。

（原文刊载于《中国体育报》2022年6月25日第03版）

# 为新时代体育事业高质量发展提供有力法治保障

全国人大常委会法制工作委员会社会法室主任　郭林茂

为进一步依法促进新时代我国体育事业高质量发展，2022 年 6 月 24 日十三届全国人大常委会第三十五次会议修订通过了《中华人民共和国体育法》（以下简称《体育法》），同日，国家主席习近平签署第 114 号主席令，自 2023 年 1 月 1 日起施行。这次《体育法》修订，丰富完善了体育法治基本制度，是我国体育法治建设的重要里程碑。

## 一、《体育法》修订的重要意义

《体育法》作为我国体育领域的基础性法律，奠定了我国体育法治建设的制度根基，自 1995 年颁布施行以来，为促进我国体育事业发展、增强人民体质发挥了重要作用。2009 年、2016 年曾两次对这部法律的个别条文进行了修改，但整体上仍滞后于经济社会新发展阶段，不能完全适应新时代体育改革发展的战略定位，与人民群众日益增长的美好生活需要特别是对体育的需要还存在差距。在此背景下，全面修订《体育法》显得尤为必要，其重要意义主要体现在以下三个方面。

（一）修订《体育法》是深入贯彻落实习近平总书记关于体育的重要论述和党中央有关体育决策部署的必然要求。党的十八大以来，习近平总书记站在国家富强、民族复兴、人民幸福和人类文明进步的战略高度，就发展体育事业作出系列重要指示批示，提出系列新理念新思想新战略，强调建设体育强国和健康中国是全面建设社会主义现代化国家的重要组成，是实现中华民族伟大复兴中国梦的必然要求。党的十九大报告、《中共中央关于党的百年奋斗重大成就和历史经验的决议》等中央文件，也明确提出加快推进体育强国建设。贯彻落实习近平总书记关于体育的重要论述和党中央有关重大决策部署，对体育领域的若干重大关系和基本问题进行顶层设计，迫切需要修订《体育法》，把党在新时期关于发展体育事业的既定方针政策及时转化为法律规定。

（二）修订《体育法》是全面深入总结我国体育事业发展系列改革经验成果的重要举措。改革开放以来特别是党的十八大以来，我国体育事业在党的坚强领导下取得历史性成就，竞技体育、青少年和学校体育、体育产业等领域蓬勃发展，全民健身体系不断完善，人民体质和全民族身体素质持续增强，接连成功举办多项影响深远的国际、国内重要体育赛事，探索积累起推进体育事业发展行之有效的系列经验做法和创新举措，深刻诠释了社会主义制度集中力量办大事的优越性。加快推进体育强国和健康中国建设步伐，实现体育事业均衡、充分发展目标，客观上需要将体育领域多年来经长期实践检验的改革经验成果，固化上升为法律制度，系统完善体育法律制度框架，进一步发挥法治建设对促进新时代体育事业高质量发展的引领、规范和保障功能。

（三）修订《体育法》是深入推进体育领域治理体系和治理能力现代化的有力支撑。全面深入总结我国体育事业发展成就的同时，也应清醒地认识到我国体育事业面临的突出困难和挑战。当前及今后一段时期，我国体育发展不平衡、不充分问题依然突出，竞技体育综合实力和国际竞争力需要不断增强，人民群众多元化、多层次的体育需求尚未得到较好满足，体育产业规模质量有待提升，体育纠纷化解机制和监督管理制度还不够完善，迫切需要通过修订《体育法》进一步提高体育工作的法治化、规范化水平，推动深化体育领域改革创新，聚焦解决体育领域发展突出难题，着力破除束缚体育事业发展障碍，为推进实现体育领域治理体系和治理能力现代化提供有力支撑。

## 二、《体育法》修订的指导思想和主要思路

这次《体育法》修订以习近平新时代中国特色社会主义思想为指导，深入学习贯彻习近平法治思想和习近平总书记关于体育的重要论述，全面贯彻落实党的十九大和十九届历次全会精神，始终坚持以人民为中心，坚持从国情实际出发，推动体育领域深化改革，维护体育发展良好秩序，为公民平等参与体育活动，推进体育治理体系和治理能力现代化，加快体育强国和健康中国建设提供更加完善的法治保障。修法过程中，重点把握了以下思路。

（一）习近平总书记关于体育的重要论述和党中央有关重大决策部署为做好新时代体育工作提供了根本遵循，为加强体育法治建设指明了方向。深入贯彻落实习近平总书记关于体育的重要论述和党中央有关重大决策部署，确保新时期党关于体育的既定方针政策

转化为法律制度，既是这次《体育法》修订的重要任务，也是修法的根本思路。

（二）深入践行以人民为中心的立法导向。人民群众是发展体育事业的参与者和建设者，也应是体育事业发展成果的享有者。坚持以人民为中心，将体育事业发展惠及全体人民，有效满足人民群众的体育需求和促进人的全面发展，是《体育法》修订工作的出发点和落脚点，也是贯穿始终的重点和主线。

（三）坚持实事求是和问题导向，加快构建体育事业新发展格局。一方面，全面总结吸纳体育事业发展重大经验成果，将适应体育事业改革发展需要、经过长期实践证明可行的重要举措固化上升为法律制度；另一方面，针对体育领域的短板弱项，加强顶层制度设计，为引领我国体育事业深入发展提供有力制度支撑，着力破解体育事业发展瓶颈难题。

（四）面向体育事业未来发展。这次《体育法》修订既注重细化保障举措，增强可操作性，又注重搭建体育法治基本框架，提前预留制度接口，为未来体育事业发展留足改革创新空间。

## 三、《体育法》修订的亮点特色

这次《体育法》修订，修改幅度大、涉及内容多、影响范围广，受到社会各界广泛关注。总结《体育法》修订的亮点特色，主要包括以下四个方面。

（一）“亮”在出台时机。这次《体育法》修订，**一是**恰逢毛泽东主席“发展体育运动，增强人民体质”重要题词 70 周年。1952 年 6 月 10 日，毛泽东主席为中华全国体育总会成立大会挥笔写下这一重要题词，短短十二字，立意高远、脍炙人口，明确了体育工作的根本方针任务，承载了几代中国人对体育运动的时代记忆，激励着一代代中华儿女强健体魄、自强不息，有力推动了我国各项体育事业蓬勃发展。为纪念和传承毛泽东主席伟大号召，把体育事业建设成为中华民族伟大复兴的标志性事业，这次修法将题词内容在立法目的中着重予以体现。**二是**正值北京冬奥会、冬残奥会成功举办。北京冬奥会、冬残奥会是继我国成功举办多项国际、国内重大体育赛事活动后的又一体育盛事，“绿色、共享、开放、廉洁”办奥理念和“简约、安全、精彩”办赛要求的生动实践，以及在赛事申办、筹办、举办过程中共同凝聚形成的“胸怀大局、自信开放、迎难而上、追求卓越、共创未来”的北京冬奥精神，为这次《体育法》修订提供了更加丰硕的体育事业改革发展经验成果。精彩的赛事活动极大地激发了全民健身热情，社会各界对这次《体育法》修订也给予高度关注，积极建言献策，提出了很多好的意见建议。

（二）“亮”在弘扬精神。体育运动事关国家形象，体育精神彰显民族面貌。这次《体育法》修订尤为注重总结体现我国体育事业的内生动力，汇聚实现民族复兴的精神力量，激发人民群众接续奋斗的昂扬热情。**一是**增加“弘扬中华体育精神，培育中华体育文化”作为立法目的重要组成，明确我国体育事业发展的价值导向和文化追求，继承中华民族宝贵精神财富，发扬为中华民族伟大复兴提供凝心聚气的强大精神力量。**二是**在“总则”中增加规定“弘扬奥林匹克精神，支持参与国际体育运动”，首次从法律上阐明支持奥林匹克运动发挥更大作用，为人类文明进步贡献更多中国智慧和中国力量的国家立场，深刻诠释推动奥林匹克事业发展，构建人类命运共同体的大国担当。**三是**注重激发运动员拼搏精神。体育健儿在国内外赛事活动中勇于挑战、超越自我的良好形象，对振奋民族精神、提升国家实力发挥着重要作用。这次《体育法》修订明确提出，运动员应当积极参加训练和竞赛，团结协作，勇于奉献，顽强拼搏，不断提高竞技水平；鼓励运动员在体育赛事中创造优异成绩，为国家和人民争取荣誉。**四是**增强青少年强健体魄意识。青少年是国家的未来，这次修法把增强青少年体质提升到前所未有的高度，提出坚持体育与教育融合、文化学习和体育锻炼协调、体魄与人格并重，培育增强青少年体育健身意识，促进青少年身体健康和体魄强健。

（三）“亮”在权利保障。习近平总书记多次强调，要以人民为中心发展体育事业。这次《体育法》修订，把完善保障人民群众参与体育活动的权利作为修法重点，进一步突出《体育法》的社会法属性。**一是**为广泛开展全民体育运动提供制度支撑。明确树立体育工作坚持以人民为中心的立法理念，扩大公共体育服务供给，实施全民健身战略，推行全民健身计划，推动基本公共体育服务均等化，实现体育资源开放共享。**二是**强调为重点人群参与体育运动提供特殊保障。国家采取相应措施，扶持革命老区、民族地区、边疆地区、经济欠发达地区等特殊地区体育事业的发展，突出保障未成年人、妇女、老年人、残疾人等群体参加体育活动的权利，切实维护运动员各项权利，初步构建形成公民体育权益保障制度体系。

（四）“亮”在扩充内容。新修订的《体育法》篇章结构更加完善、条文更加充实丰富，覆盖体育事业发展的方方面面。总结这次《体育法》修订的内容，呈现以下三个突出特点。**一是**“增”的内容多。修订后的《体育法》由原来的 8 章、54 条增加至 12 章、122 条，特别是增设4章，分别对“反兴奋剂”“体育仲裁”“体育产业”“监督管理”作出专门规定，搭建起较为完善的体育法治基本框架，有效解决了长期以来制约体育事业发展的制度短板难题。**二是**“补”的内容全。总结吸纳体育事业发展重大经验成果，重点补充“总则”“竞技体育”“保障条件”等章的规定，进一步明确体育事业未来发展原则方向，推动竞技体育管理体制改革，促进竞技体育更好发展，并较大程度地加强完善保障措施，加大保障力度。**三是**“改”的幅度大。将“学校体育”一章修改为“青少年和学校体育”，拓展完善优先保障范围，推动形成青少年和学校体育协调融合发展格局；将“体育社会团体”一章修改为“体育组织”，充分发挥体育组织自治功能，激发体育组织参与体育事业发展的创造性和积极性。此外，还对“法律责任”作了较多修改，完善了违法行为的惩罚措施，加大惩罚力度。

## 四、《体育法》修订的主要内容

全国人大社会建设委员会牵头起草了《体育法（修订草案）》，于2021年10月提请十三届全国人大常委会第三十一次会议进行审议。“修订草案”审议过程中，按照立法工作安排，广泛征求有关部门和社会公众的意见，深入开展立法调研，根据常委会组成人员和有关方面的意见建议对“修订草案”作了进一步修改完善。总结这次《体育法》修订的主要内容，包括以下十个方面。

（一）充实总则内容，明确立法导向。**一是**增加规定“弘扬中华体育精神，培育中华体育文化”，着重体现毛泽东主席关于“发展体育运动，增强人民体质”重要题词等内容，完善立法目标方向。

**二是**明确体育工作坚持中国共产党的领导。**三是**要求体育工作坚持以人民为中心，以全民健身为基础，普及与提高相结合，推动体育事业均衡、充分发展，推进体育强国和健康中国建设。**四是**明确国家依法保障公民平等参与体育活动的权利，对未成年人、妇女、老年人、残疾人等参加体育活动的权利予以特别保障。**五是**提出国家扩大公益性和基础性公共体育服务供给，推动基础公共体育服务均等化，逐步健全全民覆盖、普惠共享、城乡一体的基本公共体育服务体系。**六是**规定开展和参加体育活动应遵循依法合规、诚实守信、尊重科学、因地制宜、保障安全的原则。**七是**为激发全民体育热情，广泛宣传体育事业，规定每年8月8日全民健身日所在周为体育宣传周。

（二）专章规定全民健身，完善具体保障举措。为突出全民健身的重要基础性保障作用，将原《体育法》中的“社会体育”一章章名修改为“全民健身”，并增加以下内容。**一是**明确国家实施全民健身战略，构建全民健身公共服务体系，促进全民健身与全民健康深度融合。**二是**国家制定和实施体育锻炼标准，定期开展全民体质监测和全民健身活动状况调查，开展科学健身指导。**三是**国家建立全民健身工作协调机制，由县级以上各级人民政府定期组织有关部门对全民健身计划实施情况进行评估并向社会公开。**四是**国家机关、企业事业单位和群团组织应当组织开展日常体育锻炼和各级各类体育运动会等全民健身活动。居民委员会、村民委员会及其他社区组织应结合实际，组织开展全民健身活动。

（三）完善青少年和学校体育规定，落实体教融合新要求。**一是**明确国家优先发展青少年和学校体育，坚持体育和教育融合、文化学习和体育锻炼协调、体魄与人格并重，促进青少年全面发展。**二是**规定国家实行青少年和学校体育活动促进计划，健全青少年和学校体育工作制度等。**三是**要求教育行政部门和学校将体育纳入学生综合素质评价范围，将达到国家学生体质健康标准要求作为教育教学考核的重要内容。**四是**要求体育行政部门在传授知识技能、组织体育训练、举办体育赛事活动、管理体育场地等方面为学校提供指导和帮助，配合教育行政部门推进学校运动队和高水平运动队建设。**五是**明确学校必须按照国家有关规定开齐开足体育课，确保体育课时不被占用；要求学校在体育课教学时组织病残等特殊体质学生参加适合其特点的体育活动。学校应当将在校内开展的学生课外体育活动纳入教学计划，与体育课教学内容相衔接，保障学生在校期间每天参加不少于一小时体育锻炼。**六是**鼓励学校组建运动队、俱乐部等体育训练组织，开展多种形式的课余体育训练，有条件的可以组建高水平运动队，培养竞技体育后备人才。**七是**规定国家定期举办全国学生（青年）运动会，地方各级人民政府应当结合实际定期组织本地区学生（青年）运动会；学校应当每学年至少举办一次全校性的体育运动会，并鼓励公共体育场地设施免费向学校开放使用，为学校举办体育运动会提供服务保障；鼓励开展多种形式的学生体育交流活动。**八是**规定国家将体育科目纳入初中、高中学业水平考试范围，建立符合学科特点的考核机制。**九是**明确要求保障体育教师享受与其他学科教师同等待遇；学校可以设立体育教练员岗位，优先聘用符合相关条件的优秀退役运动员从事学校体育教学、训练活动。**十是**建立健全学生体育活动意外伤害保险机制，教育行政部门和学校应当做好学校体育活动安全管理和运动伤害风险防控。**十一是**幼儿园应当为学前儿童提供适宜的室内外活动场地和体育设施、器材，开展符合学前儿童特点的体育活动。**十二是**要求教育行政部门、体育行政部门和学校组织、引导青少年参加体育活动，预防和控制青少年近视、肥胖等不良健康状况，家庭应当予以配合。

（四）健全竞技体育有关内容，促进竞技体育更好发展。竞技体育可持续发展是发展体育事业的核心内容，新修订的《体育法》重点增加以下内容：**一是**促进和规范职业体育市场化、职业化发展，提高职业体育赛事能力和竞技水平。**二是**加强体育运动学校和体育传统特色学校建设，鼓励、支持开展业余体育训练，培养优秀的竞技体育后备人才。**三是**加强体育训练科学技术研究、开发和应用，对运动员实行科学、文明的训练，维护运动员身心健康。**四是**依法保障运动员接受文化教育的权利，体育行政部门、教育行政部门应当保障处于义务教育阶段的运动员完成义务教育。**五是**依法保障运动员选择注册与交流的权利，运动员可以参加单项体育协会的注册，并按照有关规定进行交流。**六是**要求各级人民政府加强对退役运动员的职业技能培训和社会保障，为退役运动员就业、创业提供指导和服务。**七是**规定未经体育赛事活动组织者等相关权利人许可，不得以营利为目的采集或者传播体育赛事活动现场图片、音视频等信息。

（五）专章规定反兴奋剂，构建反兴奋剂长效治理体系。**一是**明确国家提倡健康文明、公平竞争的体育运动，禁止在体育运动中使用兴奋剂的立场，规定任何组织和个人不得组织、强迫、欺骗、教唆、引诱体育运动参加者在体育运动中使用兴奋剂，不得向体育运动参加者提供或者变相提供兴奋剂。**二是**规定国家建立健全反兴奋剂制度，县级以上人民政府体育行政部门会同卫生健康、教育、公安等多部门对兴奋剂问题实施综合治理。**三是**规定由国务院体育行政部门负责制定反兴奋剂规范，会同有关部门制定、公布兴奋剂目录，并动态调整。**四是**国家设立反兴奋剂机构，依照法定程序开展检查，有关单位和人员应当予以配合，任何单位和个人不得干涉。**五是**鼓励开展反兴奋剂科学技术研究，推广先进的反兴奋剂技术、设备和方法。**六是**根据缔结或者参加的有关国际条约，开展反兴奋剂国际合作，履行反兴奋剂国际义务。通过以上措施，依法坚决做到兴奋剂问题“零出现”“零容忍”。

（六）完善体育组织有关规定，促进发挥体育组织作用。**一是**将原《体育法》“体育社会团体”一章章名修改为“体育组织”，拓宽有关组织范围，顺应国家有关要求和时代发展趋势。**二是**明确全国性单项体育协会职责范围，以及与行业管理部门、中华全国体育总会、中国奥委会的关系。**三是**要求全国性单项体育协会负责相应项目的普及与提高，制定相应项目技术规范、竞赛规则、团体标准，规范体育赛事活动。**四是**明确单项体育协会应当依法维护会员的合法权益，积极向有关单位反映会员的意见建议。**五是**规定单项体育协会应当接受体育行政部门的指导和监管，健全内部治理机制，制定行业规则，加强行业自律。**六是**国家鼓励发展青少年体育俱乐部、社区健身组织等各类自治性体育组织。

（七）增设专章规定体育产业，面向体育事业未来发展。**一是**明确国家制定体育产业发展规划，扩大体育产业规模，增强体育产业活力，促进体育产业高质量发展，满足人民群众多样化体育需求。

**二是**国家支持和规范发展体育用品制造、体育服务等体育产业，促进体育与健康、文化、旅游、养老、科技等融合发展。**三是**规定国家支持体育用品制造业创新发展，培育健身休闲、竞赛表演、场馆服务、体育经纪、体育培训等服务业态，提高体育服务业水平和质量。**四是**完善职业体育发展体系，拓展职业体育发展渠道，支持运动员、教练员职业化发展；要求职业体育俱乐部应当健全内部治理机制，完善法人治理结构，充分发挥其市场主体作用。**五是**建立健全区域体育产业协调互动机制，推动区域间体育产业资源交流共享，促进区域体育协调发展，支持地方发展具有区域特色、民族特色的体育产业。**六是**鼓励有条件的高等学校设置体育产业相关专业，开展校企合作，加强职业教育和培训，培养体育产业专业人才，形成有效支撑体育产业发展的人才队伍。**七是**规定完善体育产业统计体系，开展体育产业统计监测，定期发布体育产业数据。

（八）完善体育保障条件，切实加大保障力度。**一是**规定国家支持通过政府购买服务的方式提供公共体育服务，提高公共体育服务水平。**二是**规定地方人民政府优化配置各级各类体育场地设施，优先保障全民健身体育场地设施的建设和配置。**三是**要求县级以上地方人民政府将本行政区域内公共体育场地设施的建设纳入国民经济和社会发展规划、国土空间规划，未经法定程序不得变更。公共体育场地设施的规划设计和竣工验收，应当征求本级人民政府体育行政部门意见。**四是**要求建设居住社区须同步规划、设计、建设用于居民日常健身的配套体育场地设施。**五是**要求公共体育场地设施的设计和建设，应当符合国家无障碍环境建设要求。**六是**鼓励充分合理利用旧厂房等闲置资源作为日常健身场地设施，鼓励和支持机关、学校、企业事业单位的体育场地设施向公众开放。**七是**加强公共体育设施管理，不得擅自拆除、改变功能用途或者妨碍正常使用。经批准拆除公共体育场地设施或者改变其功能、用途的，应当按照规定先行择地重建。**八是**规定县级以上地方人民政府建立全民健身公共场地设施维护管理机制，明确管理和维护责任。**九是**鼓励建立健全运动员伤残保险、体育意外伤害保险和场所责任保险制度，对大型体育赛事活动组织者、高危险性体育赛事活动组织者、高危险性体育项目经营者等投保相关保险提出明确要求。

（九）增设专章规定体育仲裁，初步搭建基础制度框架。在民商事仲裁、劳动争议仲裁、农村土地承包经营纠纷仲裁之外，建立适合中国国情的体育仲裁制度，搭建起体育仲裁制度基本框架，改变长期以来体育仲裁规定一直未能落地的现状。**一是**明确体育仲裁范围。规定当事人可以根据仲裁协议、体育组织章程、体育赛事规则等，对有关纠纷申请体育仲裁。**二是**由国务院体育行政部门依照本法组织设立体育仲裁委员会，制定体育仲裁规则。**三是**规定对体育社会组织等处理决定或者内部纠纷解决机制处理结果不服的，体育组织没有内部纠纷解决机制或者内部纠纷解决机制未及时处理纠纷的，当事人可以申请体育仲裁。**四是**明确体育仲裁裁决效力，规定体育仲裁裁决书自作出之日起发生法律效力。裁决作出后，当事人就同一纠纷再申请体育仲裁或者向人民法院起诉的，体育仲裁委员会或者人民法院不予受理。**五是**体育仲裁裁决存在适用法律法规错误等情形的，当事人可以依法申请撤销仲裁裁决。**六是**对体育仲裁裁决的执行作出规定，当事人可以依照民事诉讼法的有关规定向人民法院申请执行。

（十）强化监管执法举措，确保体育事业发展行稳致远。**一是**明确县级以上人民政府体育行政部门等部门依法履行监督检查职责，对有关体育赛事活动依法进行监管；县级以上人民政府市场监管、体育行政等部门按照各自职责对体育市场进行监督管理。**二是**规定体育赛事活动组织者应当履行安全保障义务，提供符合要求的安全条件，制定风险防范及应急处置预案等保障措施，维护体育赛事活动的安全。**三是**规定体育赛事活动因发生极端天气、自然灾害、公共卫生事件等突发事件，不具备办赛条件的，体育赛事活动组织者应当及时予以中止；未予中止的，县级以上人民政府应当责令其中止。**四是**国家建立体育项目管理制度，新设体育项目由国务院体育行政部门认定，体育项目目录每四年公布一次。**五是**经营高危险性体育项目和举办高危险性体育赛事活动须符合法定条件，并经县级以上地方人民政府体育行政部门进行核查和批准。国务院体育行政部门会同有关部门制定、调整高危险性体育项目和高危险性体育赛事活动目录。**六是**明确县级以上地方人民政府建立体育执法机制，为体育执法提供必要保障。**七是**要求县级以上地方人民政府每届任期内至少向本级人民代表大会或者其常务委员会报告一次全民健身、青少年和学校体育工作。此外，这次《体育法》修订还大幅完善关于“法律责任”的规定，进一步完善违法行为处罚措施，加大违法行为处罚力度，为促进体育事业稳定可持续发展保驾护航。

## 五、《体育法》修订后的贯彻落实

徒法不足以自行。法律的生命在于实施，法律的权威在于执行。贯彻落实好新修订的《体育法》，有关方面应当做好以下工作。

（一）加大普法宣传力度。《体育法》作为我国体育领域的基础法律，与体育活动的每位参与者密切相关。体育行政等有关部门应充分利用这次修法契机，大力加强体育法治宣传教育工作，推进体育法治理念更加深入人心，切实提高依法开展体育活动的思想意识，在全社会形成学好、用好《体育法》的浓厚氛围。

（二）加强法律贯彻实施。这次《体育法》修订，进一步明确完善有关部门职责，对体育行政、教育行政、市场监管等部门做好体育相关工作提出了明确要求。地方各级人大及其常委会要加强《体育法》实施情况的监督检查，通过依法听取全民健身、青少年和学校体育工作报告等方式深入推进法律有效贯彻实施，切实将《体育法》相关规定落到实处、落到基层。

（三）及时制定配套法规政策。这次《体育法》修订，增加完善了体育领域系列重要制度，需要有关部门及时制定和修改有关配套法规政策，确保相关制度落地实施。例如，国务院体育行政部门应当依照《体育法》及时组织设立体育仲裁委员会，并制定体育仲裁规则，确保体育仲裁制度有序运行；为保障公开、公平、择优选拔和组建国际、国内重大体育赛事活动的运动员、运动队，国务院体育行政部门应当制定运动员选拔和运动队组建办法；国家对体育赛事活动实行分级分类管理，具体办法由国务院体育行政部门规定等。

通过以上工作，逐步构建较为完善的体育法治体系，确保《体育法》基本制度规定落地见效，不断提高体育工作法治化水平，依法推动新时代体育事业发展再上新台阶。

# 三、专家解读

## （一）总则解读

# 弘扬中华体育精神　培育中华体育文化

清华大学　田思源

习近平总书记强调，广大体育工作者在长期实践中总结出的以“为国争光、无私奉献、科学求实、遵纪守法、团结协作、顽强拼搏”为主要内容的中华体育精神来之不易，弥足珍贵，要继承创新、发扬光大。实现体育强国目标，要把弘扬中华体育精神同坚定文化自信结合起来。新修订的《中华人民共和国体育法》（以下简称《体育法》）在“总则”第一条明确，“弘扬中华体育精神，培育中华体育文化”。

弘扬中华体育精神，培育中华体育文化，是将体育建设成为中华民族伟大复兴标志性事业的精神文化力量。中华体育精神是“中国精神”在体育领域的具体体现，是中国体育的精髓和灵魂，是一个发展的、开放性的思想和价值体系，是我国体育事业发展到一定阶段的精神产物。中华体育文化是我国社会主义文化的重要组成部分，是综合国力、文化软实力和社会文明程度的重要体现。中华体育精神是中华体育文化的精神内涵，中华体育文化是中华体育精神的历史积淀。

弘扬中华体育精神，培育中华体育文化，有助于践行社会主义核心价值观。中华体育精神和中华体育文化是体育领域的核心价值观，是社会主义核心价值观在体育领域的集中体现，反映体育事业发展中的国家价值目标、社会价值取向和公民价值准则，培养人的高尚道德情操和文明综合素养，丰富人民精神文化生活，激励各族人民弘扬追求卓越、突破自我的精神，实现依法治体和以德治体的有机结合，促进人的全面发展。

弘扬中华体育精神，培育中华体育文化，有助于推动体育强国建设。《体育强国建设纲要》将“体育文化感召力、影响力、凝聚力不断提高，中华体育精神传承发扬”作为体育强国建设战略目标予以明确，并进一步细化了“促进体育文化繁荣发展，弘扬中华体育精神”的战略任务。中华体育精神和中华体育文化体现在体育的各个领域：它源自更快、更高、更强——更团结的竞技体育；扎根于健康、快乐、积极向上的群众体育；辐射于公平有序、充满活力的体育产业；蕴含爱国奉献、自强不息的体育文化。中华体育精神和中华体育文化是体育强国建设的精神动力、核心支撑和价值引领。

弘扬中华体育精神，培育中华体育文化，有助于《体育法》的全面实施。新修订的《体育法》很多条款都体现了弘扬中华体育精神，培育中华体育文化的要求，是对中华体育精神和中华体育文化的诠释和落实。如在“总则”中，将“传统体育”条款从原“社会体育”一章移至“总则”，凸显了对传统体育和体育文化的重视；新增的体育活动原则强调“依法合规、诚实守信”；新增促进青少年全面发展，体魄与人格并重的内容；在对外体育交往中，新增要“弘扬奥林匹克精神”；新增的体育宣传周的规定，将有助于中华体育精神和中华体育文化的弘扬与传播。在“青少年和学校体育”一章中，新增促进青少年心身健康和体魄强健、提升学生体育素养的要求。在“竞技体育”一章中，规定对运动员进行爱国主义、集体主义和社会主义教育，以及道德、纪律和法治教育；鼓励运动员创造优异成绩，为国家和人民争取荣誉；体育赛事实行公平竞争原则，体育赛事活动组织者和运动员、教练员、裁判员应当遵守体育道德和体育赛事规则。新设“反兴奋剂”一章，提倡健康文明、公平竞争的体育运动，禁止使用兴奋剂。在“法律责任”一章中，增加了对违反体育道德和体育赛事规则，弄虚作假、营私舞弊等行为予以处罚的内容，加大了对运动员违规使用兴奋剂的处罚力度，明确了向运动员提供兴奋剂的法律责任。

新修订的《体育法》增加这一规定，反映了我国体育的价值导向和精神文化追求，对《体育法》相关条款起到纲举目张的统领作用，对强化全体人民贯彻实施《体育法》、建设体育强国、发展体育事业的共同思想道德和精神文化基础具有十分重要的意义。

（原文刊载于《中国体育报》2022年6月27日第01、02版）

# 立法助力体育强国和健康中国建设

山东大学（威海） 姜世波

1995 年的《中华人民共和国体育法》（以下简称《体育法》），反映了当时我国体育事业的发展状况，标志着中国体育事业开始迈上了法治的轨道。但是，自该法实施以来，我国体育事业发生了翻天覆地的变化，《体育法》已经无法适应人民日益增长的物质和文化生活的需要，无法适应新时代体育强国建设和健康中国建设的需要，《体育法》修订势在必行。

习近平总书记强调，“体育强则中国强”。建设体育强国是体育发展的最高战略目标，是全面建成社会主义现代化强国的重要组成部分，也是实现健康中国战略的必由之路。体育立法必须回应体育事业发展的突出问题，回应人民对健康生活的美好向往，回应新时代实现伟大复兴的中国梦的要求。新修订的《体育法》第二条增加了“推进体育强国和健康中国建设”的表述正是《体育法》修订给予的回应。

人人参与体育活动、促进身体健康，才有全民健康、全面小康，体育强国建设才会有良好的群众基础。立法促进体育发展，就要确立“坚持以人民为中心”的体育发展理念，规定“国家依法保障公民平等参与体育活动的权利，对未成年人、妇女、老年人、残疾人等参加体育活动的权利给予特别保障”。同时，“总则”中新增了一系列体现新时代体育事业发展要求的新理念、新制度、新举措，致力于通过法治手段全方位推动体育强国建设。

首先是努力构建更高水平的公共服务体系。新修订的《体育法》在“总则”中新增全面建设基本公共体育服务体系的规定，强调“国家扩大公益性和基础性公共体育服务供给，推动基本公共体育服务均等化，逐步健全全民覆盖、普惠共享、城乡一体的基本公共体育服务体系”。

其次是大力发展体育产业。“总则”中首次规定了我国未来体育产业发展的基本方针，即“国家支持体育产业发展，完善体育产业体系，规范体育市场秩序，鼓励扩大体育市场供给，拓宽体育产业投融资渠道，促进体育消费”。通过体育产业的不断发展，满足人民日益增长的健身需求和对丰富的体育文化生活的需求，充分发挥市场机制的作用，促进体育产业与其他产业融合发展、创新发展、高质量发展。

再次是推进体教融合。2020 年 9 月 21 日，国家体育总局和教育部联合印发《关于深化体教融合 促进青少年健康发展的意见》，对促进体育和教育的融合发展作出全面部署。新修订的《体育法》将这一人才培养理念和机制上升到法律层面，“总则”第十条增加规定，“国家优先发展青少年和学校体育，坚持体育和教育融合，文化学习和体育锻炼协调，体魄与人格并重，促进青少年全面发展”。相信通过后期一系列配套法规的修改和完善及实施政策的落地，青少年体育和体育人才培养将会出现崭新的面貌，打牢体育人才培养的教育根基，促进青少年全面发展。

最后是为体育活动立规，保障体育活动健康发展。体育是以体育活动为基本手段促进身心健康发展的社会实践。体育活动有其自身的科学性、规律性，但也具有多样性、高风险性、竞争性等特点，甚至有为追求高成绩而不择手段的可能，因此，体育立法中应当确立体育活动的基本规则，但原《体育法》却对此缺乏规定，新修订的《体育法》予以补充，确立了“开展和参加体育活动，应当遵循依法合规、诚实守信、尊重科学、因地制宜、勤俭节约、保障安全的原则”。

新修订的《体育法》上述基本理念、基本原则、基本制度的补充、修改和完善，是贯彻习近平总书记关于体育的重要论述的具体体现，也是新时代党和国家体育工作的路线、方针和政策的法律化，是被实践证明行之有效的改革和发展经验的总结，很多制度具有前瞻性、长期性，相信这些新理念、新制度、新规则上升到法律层面，将为未来我国体育强国和健康中国建设提供坚实的法律保障，推动我国的体育法治建设进入新阶段。

（原文刊载于《中国体育报》2022 年 6 月 28 日第 01 版）

## （二）全民健身解读

# 为构建更高水平全民健身公共服务体系提供法律保障

运城学院　陈华荣

全民健身是体育工作的基础、主体和重点，是广大人民群众对美好生活的期盼和向往。新修订的《中华人民共和国体育法》（以下简称《体育法》），力求破解全民健身工作中的堵点与难点，提升全民健身工作的效果与水平，协调相关法律法规和政策文件的有关规定，为构建更高水平全民健身公共服务体系提供强有力的法律保障。

### 一、做好顶层设计，明确国家战略推进全民健身与全民健康深度融合

党的十八大以来，以习近平同志为核心的党中央高度重视关心全民健身工作，习近平总书记亲自谋划、亲自部署、亲自推动全民健身事业，推动我国逐渐探索走出了一条全民健身和全民健康深度融合的运动促进健康之路。新修订的《体育法》将“国家实施全民健身战略”作为第二章“全民健身”的开篇条文，贯穿该章规定，

对于整个全民健身工作具有统领和定位作用，有利于提高全民健身的地位。明确“促进全民健身和全民健康深度融合”的发展目标和推进路径，有利于在实际工作中锚定方向、找准目标，各方共同发挥合力推进全民健身。

在制度上，完善了以国家为职责主体开展的全民健身计划、体育锻炼标准、公民体质监测和全民健身活动状况调查等全民健身基本制度；确认了由社会体育指导员技术等级制度向社会体育指导员制度转型升级的改革实践成果，强化了健身的技术指导。

## 二、构建更高水平的全民健身公共服务体系，加快体育强国和健康中国建设

2022年中共中央办公厅、国务院办公厅印发《关于构建更高水平的全民健身公共服务体系的意见》，明确了到2025年和2035年两个阶段所要实现的全民健身公共服务体系建设目标，努力建成与社会主义现代化国家相适应的全民健身公共服务体系。提供全民健身公共服务是实现基本公共服务均等化的有机组成部分，是政府的基本职责之一。构建更高水平的全民健身公共服务体系，顺应了人民群众对更高质量生活的期待和要求。《体育法》修订的难点和重点便是如何将构建更高水平的全民健身公共服务体系法律化，如何将法律规定转化为实践行动和实际效果。本次修订实现了与中央政策文件，以及《中华人民共和国公共文化服务保障法》《中华人民共和国基本医疗卫生与健康促进法》《全民健身条例》《公共文化体育设施条例》等政策法规在全民健身公共服务方面规定的一致性，有利于加强有关部门各司其职、分工配合、密切合作，

提高工作效能，切实保障和提升全民健身公共服务水平。

## 三、加强资金、场地和技术指导，降低参加体育活动的风险，想方设法鼓励和支持公民积极参加健身活动

新修订的《体育法》通过六个方面的精心设计，进一步鼓励和支持了公民参加健身活动。一是政府参与，为公民参加健身活动提供科学指导。二是政府购买公共体育服务，提高公共体育服务水平，支持公共体育场所免费和低收费开放，扩大政府购买服务的公众惠及面。三是政府加强体育资金投入，要求体育资金纳入各级政府预算，并建立与国民经济和社会发展相适应的投入机制。四是完善体育场地设施保障，从体育场地设施的配置、规划、设计、建设、使用、开放运行、管理维护和场所责任等方面全方位、全流程、立体化设计保障。五是增设体育保险，国家鼓励开展运动员伤残保险、体育意外伤害保险和场所责任保险，为体育活动的组织者、参加者，体育场地的所有者、管理者，体育赛事的经营者和利益相关者降低了风险，规避了责任。六是加强监督管理，在资金使用、场地设施用途、举办高危体育赛事和经营高危体育项目、体育执法机制等方面提出了更高要求，切实保障了公民健身活动权利和全民健身发展需求。

新修订的《体育法》为全民健身提供了强有力的立法保障。同时完善了制度设计，要求政府、社会、市场和个人协同推进、密切配合，共同为构建更高水平的全民健身公共服务体系而努力。

（原文刊载于《中国体育报》2022 年 6 月 29 日第 01 版）

# 以全民健身政策法律化提升依法治体效能

苏州大学　王家宏

全民健身作为体育强国战略的重要组成部分，对提升国民素养、促进全民健身与全民健康深度融合的实现具有重要作用。当前，全民健身事业改革实践需要法律的推动与保障，各类体育主体的权利义务关系有待体育法规的进一步明确。在此背景下修订《中华人民共和国体育法》（以下简称《体育法》）意义重大，新修订的《体育法》聚焦人民群众普遍反映与关切的痛点问题，健康中国战略的实施更是对全民健身事业发展提出了新的时代诉求，为加快体育强国和健康中国的法治建设提供了有力保障。此次修法将为全民健身事业改革注入强大动力，而且全民健身法治的完善将为构建更高水平的全民健身公共服务体系保驾护航，有助于强化全民健身事业发展的法治保障，推动普惠可及的全民健身公共服务能够覆盖全民、服务全民、造福全民。

## 一、探索法律规制，彰显全民健身国家战略的法律地位

**一是明确了全民健身的法律地位。**新修订的《体育法》把原《体育法》第二章“社会体育”修改为“全民健身”，并增加“国家实施全民健身战略，构建全民健身公共服务体系”条款。这是依宪治

国、依法治体在体育事业改革中的具体体现，反映出党和国家对全民健身事业发展的关心和重视，也是贯彻落实构建更高水平全民健身公共服务体系施工图的国家意志。

**二是发挥了国家战略的导向作用。**《体育法》从最初提倡“公民参加社会体育活动”到如今落实“国家实施全民健身战略”，这是道路自信、理论自信、制度自信、文化自信在体育领域的真实写照，也是新发展阶段在国家制度优势显著、治理效能提升、经济长期向好、小康社会全面建成的伟大历史时刻，促成政府、社会、个人共同行动，最大程度激发各类主体的活力和创造力，形成全面建设社会主义现代化国家强大合力的制度保障。

## 二、健全相关主体职责和义务，确保全民健身事业高质量发展

**一是明确了责任主体范围。**明确全民健身相关责任主体的职责和义务，才能确保全民健身工作的高效协同开展。新修订的《体育法》新增“国家建立全民健身工作协调机制”，并明确了各级政府、相关部门、各类群团组织、机关企事业单位的职责，能够帮助政府根据实际情况，实施满足人民群众切实所需的全民健身行动。

**二是建立了县级政府负责制。**新修订的《体育法》新增了基层政府评估公开制度，通过修订能够保障全民健身计划的顺利落实，促进全民健身国家战略的有效执行，同时全社会能对政府工作起到监督作用。这也是破解当下全民健身公共服务体系不健全等问题，为人民群众创造出更匹配、更合理、更可及的全民健身公共服务提供了先决条件。

## 三、坚持人民至上，强化公民体育权利与义务的法律保障

**一是凸显了人民主体性。**习近平总书记指出，“坚持以人民为中心的发展思想，体现了党的理想信念、性质宗旨、初心使命”。新修订的《体育法》新增公民主动健身理念条款。从倡导终身体育意识到倡导主动健身意识，反映出党和国家鼓励和引导民众科学落实主动健康理念、加快构建保障人民健康优先发展的制度体系的决心。

**二是保障了全民健身的公民权利。**全民健身与全民健康融合的阻滞，制约着人民群众体育权利享有的不均等和权利实现的不充分。新修订的《体育法》的修改、新增是以保护和实现人民日益增长的体育权利诉求为中心，着眼于满足人民群众对美好生活的需求，针对现实问题、学界问题所实施的立法保障，有利于增强民众的获得感和幸福感。

总之，全民健身是人民群众“美好生活”的重要组成部分，尤其是对实现精神物质“双富裕”有着不可或缺的重要价值。立法体现国家意志、人民意愿，在新的百年征程开启之时，新修订的《体育法》对保障全民健身国家战略的高质量实现，进而推动体育强国、健康中国建设都将起到重要作用。

（原文刊载于《中国体育报》2022 年 6 月 28 日第 01、02 版）

## （三）青少年和学校体育解读

# 保障青少年体育权利　促进青少年体质健康

南京体育学院　李　江

国家之所重者，人才也。党的十九大报告指出，青年兴则国家兴，青年强则国家强。作为体育发展现代化的智力支持和重要推手，青少年的全面发展是能否顺利建成体育强国的核心一环。新修订的《中华人民共和国体育法》（以下简称《体育法》）针对原《体育法》第三章“学校体育”作出重大修改，其中如何切实保障青少年体育权利、促进青少年体质健康是该部分修订的重点。

具体而言，新修订的《体育法》第三章“学校体育”更名为“青少年和学校体育”，并对具体条文作出大幅改动。改动的方向主要有两个：一个是内容的丰富，如第二十五条；另一个是语词的精炼，如第三十一条。

针对学校体育领域行政管理部门职责的划分和细化方面，原《体育法》第十七条仅规定了教育行政部门和学校在学校体育领域的地位，忽略了体育行政部门在学校体育领域的功能空间。事实上，体育行政部门参与我国学校体育的建设与发展已经成为我国当下一种实然状态，并为我国青少年健康成长提供了相当的支持和帮助。然而，原《体育法》立法内容的残缺，导致我国体育行政部门在介入学校体育工作时缺少法源基础，严重掣肘体育行政部门在学校体育领域发挥更大的作用。可以说，新修订的《体育法》第二十五条将体育行政部门加入进来，体现了立法者充分考虑到青少年和学校体育工作开展中的实际情况，不仅有利于青少年和学校体育发展战略下多部门、多领域、多层次的协同配合，还有助于进一步健全监管、评价体系，逐步提升整个青少年和学校体育领域的系统性和完整性。

针对体育教师的配备和待遇方面，新修订的《体育法》第三十一条是对原《体育法》第二十一条的修改，这一条的改动亮点是运用凝练、精细的语词技术，弥补了原《体育法》的不足，由此体现了新时代我国立法技术的日益精湛。具言之，体育教师数量不足、男女教师比例失衡一直是阻碍我国学校体育良性发展的难题。原《体育法》对此除了规定“学校应当按照国家有关规定，配备合格的体育教师，保障体育教师享受与其工作特点有关的待遇”外，再无其他。新修订的《体育法》第三十一条将“配备合格的体育教师”修改为“配足合格的体育教师”，仅仅一字之改，不但避免了设定机械标准，还能为化解前述难题提供有效法源指引，进而起到切实保障青少年接受体育教育的权利，促进青少年健康成长的作用，不可谓不巧妙。

新修订的《体育法》新增条文中，第三十六条最为引人注目。该条规定“教育行政部门、体育行政部门和学校应当组织、引导青少年参加体育活动，预防和控制青少年近视、肥胖等不良健康状况，家庭应当予以配合”。一直以来，青少年的体质健康都是党和国家关心的重点。习近平总书记十分关心青少年的成长和发展，将其与国家前途、民族希望、中国梦联系在一起，指出“没有青少年健康成长，国家就没有远大发展”。然而根据国家卫生健康委 2021 年 7 月 13 日新闻发布会介绍，尽管官方发布了诸如《综合防控儿童青少年近视实施方案》《儿童青少年肥胖防控实施方案》等多份政策文件，但是目前我国近视低龄化问题仍然突出，儿童青少年肥胖问题依然不容乐观。面对这个问题，新修订的《体育法》给出的方案是，将防控儿童青少年近视、肥胖问题提高到法律的层面，协调多个部门、组织对这一问题采取措施。这一做法有力证明了我国在促进儿童青少年健康成长话题上绝非泛泛而谈，充分彰显出我国呵护儿童青少年体质健康的坚定决心。

青少年健康是全民健康的基础，新修订的《体育法》贯彻落实“健康第一”的教育理念，为深化具有中国特色的体教融合发展，推动青少年文化学习和体育锻炼协调发展，促进青少年健康成长，起到法治的引领和保障作用。

（原文刊载于《中国体育报》2022 年 6 月 30 日第 02 版）

# 新时代我国学校体育改革发展的法治保障

华南师范大学　周爱光

新修订的《中华人民共和国体育法》(以下简称《体育法》)对原《体育法》“学校体育”章进行了全面修订，以增强青少年和学生体质健康为重点，以促进青少年和学校体育全面发展为目标，形成了一个体系严谨、内容丰富、规范明确、可操作性强的法律文本。

## 一、国家法律主体地位凸显

“国家实行青少年和学校体育活动促进计划，健全青少年和学校体育工作制度”“国家将体育科目纳入初中、高中学业水平考试范围”“国家建立健全学生体育活动意外伤害保险机制”等条文事关青少年和学校体育发展的战略定位、制度设计、体育考试、体育保险等重大问题。国家作为法律主体，加大了国家的主体责任，提高了法律的权威性和约束力，有利于法律的实施。

## 二、法律条文内容充实具体

从综合素质评价、教育教学考核、体育教师、体育课、课外体育活动、体育场地等方面为学校体育的全方位发展提供了法律依据。通过条文的具体规定将原先的一般性表述具体化，增强了可操作性。

例如，“学校必须开设体育课”修改为“开齐开足体育课，确保体育课时不被占用”。我国义务教育阶段体育课开足率平均不足20%，体育课被语、数、外等“主科”挤占率高达60%，只有“开齐开足”“不被占用”，体育课时才能得到保障。“对学生在校期间每天用于体育活动的时间给予保证”修改为“在校内开展的学生课外体育活动纳入教学计划，与体育课教学内容相衔接，保障学生在校期间每天参加不少于一小时体育锻炼”，明确从制度上保障课外体育活动的实施。“配备合格的体育教师，保障体育教师享受与其工作特点有关的待遇”修改为“配足合格的体育教师，保障体育教师享受与其他学科教师同等待遇”。目前，我国学校体育教师缺口约15万，体育教师的专业技能水平整体不高，新修订的条文将有效解决配备合格体育教师不足和同工不同酬等问题。配置体育场地设施的标准由“教育行政部门标准”提升到“国家标准”，增加了“定期进行检查、维护，适时予以更新”的内容，保证了体育场地设施的质量，提高了体育活动的安全性。增加了“不得随意占用”的内容，扩大了体育场地的保护范围，将有效遏制随意占用体育场地的现象。新增了“各级教育督导机构应当对学校体育实施督导，并向社会公布督导报告”，加大了对学校体育的监督力度，将有力促进学校体育工作。

## 三、体教融合特色突出

新修订的《体育法》将原“学校体育”章名改为“青少年和学校体育”，扩大了法律的适用范围，奠定了体教融合的法律基础。“坚持体育和教育融合，文化学习和体育锻炼协调，体魄与人格并重，促进青少年全面发展”“国家定期举办全国学生（青年）运动会”“学校可以设立体育教练员岗位”“学校优先聘用符合相关条件的优秀退役运动员从事学校体育教学、训练活动”“教育行政部门应当将体育运动学校的文化教育纳入管理范围”等条文，加强了体教融合的顶层设计，将体教融合的内容贯穿于多个法律条款之中，为保证体教融合的实现提供了法律依据。

## 四、加大了对特殊群体的关怀

新增了多个有关特殊群体的条文。首次将幼儿体育纳入，对病残等特殊体质学生参加体育活动和体育科目测试的特殊安排，体现了国家的重视和人文关怀。将青少年近视、肥胖等不良健康状况人群单列成款，反映了这一问题的严峻程度和国家的高度重视，并明确了通过开展体育活动有效控制青少年近视率、肥胖率等是教育、体育行政部门、学校和家庭义不容辞的法律责任。首次将各级各类体育运动学校建设单列成款，体现了国家高度重视作为“举国体制”基础的体育运动学校的发展和体育后备人才培养。

此次修订，以问题为导向，以解决体育实践中的重点、难点问题为着眼点，为新时代我国青少年和学校体育的良法善治提供了根本保障。

（原文刊载于《中国体育报》2022 年 6 月 29 日第 01、02 版）

## （四）竞技体育解读

# 首开先河：《体育法》关于赛事组织者权利的规定

首都体育学院　韩　勇

新修订的《中华人民共和国体育法》（以下简称《体育法》）“竞技体育”章在原有的体育赛事标志保护外，新增了关于体育赛事组织者权利的保护。

体育赛事组织者通过举办高水平比赛，许可电视台、网络等媒体转播比赛以获得经济回报，是体育界的通常做法。按照国际惯例，赛事组织者拥有转播权等权利。体育赛事组织者通过向媒体转让权利，不仅能够扩大体育比赛的影响力，增加观众人数，而且可以为赛事组织者带来经济收益，从而推动体育的发展。

我国法律在此之前并没有对赛事组织者权利的性质、范围和内容进行界定。在《体育法》修订过程中，部分专家学者提出了增加体育赛事转播权的意见建议。理由是，现代体育运动具有巨大商业价值，已不再是单纯的爱好或娱乐活动，体育赛事组织者需要出售转播权获得资金，以支撑相关体育产业的发展。同时，体育赛事转播权的法律保护问题已成为国际体育交流合作的基础，我国相关立法中没有体育赛事转播权的规定，不利于保护体育赛事组织者的利益。

但是，也有专家认为《体育法》中增加转播权规定值得商榷：第一，转播权并非我国法律上的概念，凭空出现需要进一步界定与厘清；第二，我国体育赛事转播权出售情况不佳，并非因为没有法律保护，而是因为我国体育赛事水平不高，对观众的吸引力有限；第三，因为体育赛事多在场馆中举办，即使没有转播权的规定，媒体不经过主办者同意也进不到体育场馆中，也很难拍摄转播体育赛事，对体育场馆物权的保护已经足够保护组织者的转播权。

最终，新修订的《体育法》没有直接采取“转播权”的概念，而是表述为“未经体育赛事活动组织者等相关权利人许可，不得以营利为目的采集或者传播体育赛事活动现场图片、音视频等信息”。这种表述在现阶段对于赛事组织者的权利保障具有现实意义。

首先，当前中国市场的赛事转播权交易非常活跃，不仅有对中超、CBA 等国内赛事的转播权购买，还有对欧洲五大联赛、NBA 等赛事的转播权购买，交易金额巨大，也存在着争议和纠纷需要解决。但是，这样一种切实存在、交易活跃的特殊权利，在我国任何法律中都没有规定，而且除了《体育法》，在未来其他法律中也不太可能明确规定。《体育法》修订是填补此空白的唯一机会。目前，我国的体育赛事虽然不像欧美知名体育赛事的转播权交易那么火爆，但随着我国职业赛事、商业赛事和大众赛事的发展，体育赛事组织者权利保护的需求将更加迫切。

其次，虽然赛场准入在实践中能够拦住未经许可扛着大型转播设备的媒体，但借物权来保护赛事组织者权利的观点导致赛事组织者权利依附于别的民事权利，一些在户外开放领域进行的比赛，如公路自行车、马拉松、帆船、赛艇等项目，并没有需要准入的比赛场馆，如何保护这些项目的赛事组织者权利？另外，随着科学技术的发展，微型高清便携摄影设备完全可以随观众入场并且清晰拍摄比赛实况上传媒体，或者无人机技术也可以实现偷拍，对这些行为依靠传统的赛场准入无法维权。只有明确对赛事组织者权利本身进行规定才能保护组织者的权利。

最后，赛事组织者承担着财政上的风险，体育赛事是其产出的产品。赛事组织者举办大型赛事，从硬件（场地、器材、设备）到软件（策划、组织、接待、比赛）都需要大量资金、人力和物力的投入。体育比赛具备商品的核心价值，体育比赛能够满足人们的精神需求，因此，应通过对赛事组织者权利的有偿转让方式使组织者有所补偿。

总之，《体育法》没有直接使用“转播权”的概念，能够避免新增权利概念上界定的困难，现有规定也比传统转播权的概念更加宽泛，不仅包括以营利为目的采集或者传播体育赛事活动现场音视频，还包括以营利为目的采集或者传播图片等信息，能够更好地保护赛事组织者的权利，打击以营利为目的的盗录、盗播行为。

（原文刊载于《中国体育报》2022年6月30日第02版）

# 完善体育立法　保障竞技体育高质量发展

南京体育学院　杨国庆

1995 年《中华人民共和国体育法》(以下简称《体育法》)的颁行，对我国体育事业发展起到了积极推动和保障作用。随着经济和社会发展，原《体育法》关于竞技体育部分的规定已经不能更好地适应新时代竞技体育改革发展需要。

原《体育法》将竞技体育与社会体育、学校体育并列，独立设为一章，共 11 条。就竞技体育发展目的、体育后备人才培养、运动员训练与管理、优秀运动员优待、等级资格、运动队组建、体育竞赛管理等事项进行了规定。这些条款在全面调整竞技体育社会关系的同时，囿于当时的历史条件，也存在过于强调行政管理，对运动员等社会主体利益与诉求关注不足等问题。新修订的《体育法》从体育竞赛管理、运动员权利保护、职业体育规范与促进等方面修改完善了竞技体育条款。

新修订的《体育法》简化了体育竞赛活动分级分类管理的规定，有利于单项体育协会行使行业自律性管理权。原《体育法》第三十一条第三款规定：全国单项体育竞赛由该项运动的全国性协会负责管理。该条款中的“管理”含义丰富，既可以是私人管理，也可以是公共管理；既可以解读为行政管理，也可以解读为行业管理。

概念的模糊性为单项体育协会行使不同性质的管理权提供了宽泛的解释空间，体育实践中很容易将单项体育协会理解为具有国家行政管理权的“法律、法规授权的组织”，不利于按照“政事分开、管办分离”原则理顺政府与协会的关系。新修订的《体育法》将该等条文删除，还原了单项体育协会社会组织的本来面貌，尊重了其行业自律性管理权，有益于依法推进体育竞赛管理体制改革。

新修订的《体育法》增加了保障运动员权利的条款，有利于实现运动员的全面发展。原《体育法》制定之时，我国尚处于社会主义市场经济体制确立之初，面临“加快现代化建设步伐”的历史机遇，强调“效率优先，兼顾公平”。在竞技体育立法中，也体现为注重运动员激励，而忽视了必要的权利保障。经过几十年发展，中国特色社会主义进入新时代，人的全面发展彰显弥足珍贵，运动成绩的取得不能以牺牲运动员文化教育权、就业权等核心权利为代价，已成为普遍共识。新修订的《体育法》坚持以人民为中心的发展思想，在原有条文“国家对优秀运动员在就业或者升学方面给予优待”的基础上，规定了具有操作性的可行举措，强调“各级人民政府加强对退役运动员的职业技能培训和社会保障，为退役运动员就业、创业提供指导和服务”。同时，为解决学训矛盾等制约运动员全面发展的现实问题，明确了国家依法保障运动员接受文化教育的权利等内容。

新修订的《体育法》增设了职业体育相关条文，有利于保障职业体育健康可持续发展。职业体育是商品经济条件下竞技体育自身演进的产物。在社会主义市场经济条件下，职业体育既有提高竞技运动水平的功能与使命，又有遵循市场规律，发展体育产业的内在驱动。在“竞技体育”章首次规定“国家促进和规范职业体育市场化、职业化发展，提高职业体育赛事能力和竞技水平”，强调了职业体育的竞技属性。该内容与新修订的《体育法》“体育产业”章中体现职业体育经济属性的条文相呼应，共同构成了我国职业体育法律制度的顶层设计，为适时制定全面调整各类职业体育社会关系的配套立法提供了上位法支持。

（原文刊载于《中国体育报》2022 年 7 月 1 日第 02 版）

## （五）反兴奋剂解读

# 强化反兴奋剂的系统思维

湘潭大学　周青山

反兴奋剂是一个系统工程，需要多措并举，群策群力，新修订的《中华人民共和国体育法》（以下简称《体育法》）进一步通过法律方式，强化反兴奋剂的系统思维，对兴奋剂的检查、反兴奋剂宣传教育和科学研究作了规定，进一步强化了我国参与反兴奋剂国际合作的决心，彰显了我国坚决做到兴奋剂问题“零出现”“零容忍”的决心。

国家反兴奋剂机构是全国反兴奋剂的中枢。新修订的《体育法》通过法律形式，确定国家设立专门的反兴奋剂机构，体现了反兴奋剂的国家意志，彰显了我国坚决打击兴奋剂违规行为的决心。完备的组织机构是我国反兴奋剂工作的坚强保证。目前，我国已经在国家层面设立了中国反兴奋剂中心，36 个夏奥项目管理单位和冬运中心各冬季项目协会已成立了专门反兴奋剂部门，实现了项目全覆盖；31 个省（直辖市、自治区）（不含港澳台）中 30 个已建立省级反兴奋剂机构。同时，新修订的《体育法》赋予反兴奋剂机构及其检查人员依照法定程序开展检查的权力，有关单位和人员应当予以配合，任何单位和个人不得干涉，将有力地保障反兴奋剂机构工作的开展，保障其独立性和权威性。

宣传、教育工作是实现兴奋剂“零出现”的关键环节。“上医治未病”，反兴奋剂的宣传教育工作，是实现从不敢用到不想用的关键一招。我国在长期的反兴奋剂工作中，形成了较为完善的兴奋剂教育预防体系，走在了世界前列。通过反兴奋剂宣传教育，让运动员形成良好的人生观、价值观，提高不想使用兴奋剂的自觉性；通过开展反兴奋剂知识宣传警示教育，让运动员知晓使用兴奋剂的危害，警钟长鸣，形成不敢服用兴奋剂的震慑；强化制度建设，建立严格的反兴奋剂教育参赛资格准入机制，将通过相应的反兴奋剂准入考试，作为获得参赛资格的前提条件，进一步扎牢不能服用兴奋剂的笼子。新修订的《体育法》对反兴奋剂宣传、教育工作做了规定，要求“县级以上人民政府体育行政部门组织开展反兴奋剂宣传、教育工作，提高体育活动参与者和公众的反兴奋剂意识”，从法律上确认了宣传教育工作在反兴奋剂工作中的重要地位。

科学技术研究是提升反兴奋剂工作质量的重要保障。现有的兴奋剂类型多样，基于利益的驱使，新的兴奋剂不断出现，“魔高一尺，道高一丈”，反兴奋剂工作也要与时俱进，这就需要我们的反兴奋剂工作有强大的技术支持，只有我们掌握了先进的反兴奋剂技术、设备和方法，才能够最大可能地发现兴奋剂违规行为，让违规者无处遁形，并将他们绳之以法。新修订的《体育法》明确规定，“国家鼓励开展反兴奋剂科学技术研究，推广先进的反兴奋剂技术、设备和方法”，必将有利于反兴奋剂科技工作的进步。

积极参加反兴奋剂国际合作彰显中国的大国担当。体育应该是纯洁的，公平公正的体育竞赛环境需要全世界共同努力，中国作为一个大国，一直在为维护体育的纯洁性不懈努力。我国是《反对在体育运动中使用兴奋剂国际公约》的缔约国，也是《世界反兴奋剂条例》的签约方，与世界反兴奋剂机构、国际奥委会、国际单项体育组织等保持着良好的反兴奋剂合作关系。新修订的《体育法》以法律形式再次确认了我国积极参与反兴奋剂国际合作的决心，可以预见，我国将继续根据缔结或者参加的有关国际条约，履行反兴奋剂国际义务，彰显大国担当。

新修订的《体育法》设专章规定反兴奋剂工作，体现了我国反兴奋剂的决心和态度，是建立符合中国国情的、长效的反兴奋剂治理体系的关键一步。

（原文刊载于《中国体育报》2022年7月1日第02版）

# 编织更为严密的反兴奋剂法网

中国政法大学　马宏俊

2022年6月24日，《中华人民共和国体育法》（以下简称《体育法》）由十三届全国人大常委会第三十五次会议审议通过，自2023年1月1日正式实施，标志着我国依法治体、健康中国建设法治化迈上新台阶，具有重要意义。新修订的《体育法》专门设立了“反兴奋剂”章，表明我国对于兴奋剂“零出现”“零容忍”不是简单地说说，而是非常严肃地将其作为一种法律制度明确下来，与已经发布实施的《中华人民共和国刑法修正案（十一）》和相关的司法解释、反兴奋剂条例及规章共同构成了我国反兴奋剂法律制度体系，实现了法律与规则补充协调，国内法与国际法、国际体育规则相互衔接的法律制度体系，编织出了反兴奋剂的严密法网。

保持反兴奋剂的高压态势，是我国反兴奋剂斗争的特色，修订前的《体育法》第三十三条便明确规定了“在体育运动中严禁使用禁用药物和方法”。通过多年不懈的努力，我国的反兴奋剂工作取得了显著成效，法律、行政法规、部门规章、政策文件日益完善，管理体制和运行机制不断健全，检查、调查、检测、处罚、听证、教育等各个环节、各项措施不断深入，“纵横交叉、上下联动”全覆盖的反兴奋剂组织体系初步建成，实验室检测技术和方法均已达到国际标准，位居世界前列，反兴奋剂工作赢得了国际组织的高度认可。

新修订的《体育法》“反兴奋剂”章，从第五十三条到第六十条共 8 条，分别规定了反兴奋剂的原则、制度、规范、目录、机构、宣传教育、科学技术研究和国际合作。既有国内国际反兴奋剂规则的原则性规定与衔接，也有实际工作中行之有效的具体制度直接上升到法律层面，立法层级显著提升。旗帜鲜明地禁止在体育运动中使用兴奋剂，从法律上明确了体育组织及个人的基本义务；将国家在实践中建立起来的反兴奋剂基本制度，以及对兴奋剂实施综合治理的协同配合的工作机制固化，明确了各级政府有关部门的相关职能，强化了国家的责任和态度；明确国家反兴奋剂机构的职能，以制定和公布兴奋剂目录的形式在法律上确定了兴奋剂的范围，使反兴奋剂工作的内涵与外延更为明晰；鼓励反兴奋剂的科学技术研究，推广先进的技术、设备和方法，使反兴奋剂法律制度的具体执行有科学保障，提高前瞻性和可行性；明确国家应该承担的国际法义务，表明我们作为一个负责任大国的担当和对外开放的基本态度，体现出国家法律对国际法和国际规则的尊重，在国际上树立了良好的法治形象。

《体育法》的修改，聚焦解决我国体育领域高质量发展面临的突出问题，把习近平总书记关于反兴奋剂工作的重要讲话和指示批示精神直接融入国家法律，彰显了社会主义的法治原则，是着力建设体育强国和健康中国、实现依法治体的重要一步，是确保体育法律制度建构与体育事业改革协同推进的积极举措。贯彻落实《体育法》的具体规定，需要认真学习、精确解读其基本精神，使之用于指导我们的体育改革实践。《体育法》的实施将为我国的反兴奋剂斗争提供更加强有力的法律保障，对推进构建反兴奋剂长效治理机制，实现反兴奋剂的中国模式与国际标准的完美融合必将发挥积极作用。

（原文刊载于《中国体育报》2022 年 7 月 4 日第 01、02 版）

## （六）体育组织解读

# 从“体育社团”到“体育组织”

上海政法学院　谭小勇　李烨欣

修订《中华人民共和国体育法》（以下简称《体育法》）是一项系统工程，立法质量对体育行业发展影响深远，法治宣传意义重大。为新修订的《体育法》有效实施，本文重点对大众关注的热点问题——“体育社会团体”章名修订为“体育组织”进行解读。

### 一、基于我国“体育社团”相关概念的认知

“体育社会团体”相关概念从“社会团体”相关概念移植而来。中华人民共和国成立以来，特别是改革开放后，我国法规中与“社会团体”相关的词主要有中介组织、社会团体、民间组织和社会组织等，移植到体育领域即体育中介组织、体育社会团体、体育社会组织、体育组织等。

《中共中央关于建立社会主义市场经济体制若干问题的决定》（1993）中采用“中介组织”一词，提出“中介组织要依法通过资格认定……建立自律性运行机制”;《社会团体登记管理条例》（1998）则用“社会团体”一词，明确“本条例所称社会团体，是指……按

照其章程开展活动的非营利性社会组织”;《关于改革社会组织管理制度促进社会组织健康有序发展的意见》(2016)中指出“以社会团体……为主体组成的社会组织”;《中华人民共和国民法典》(2020)(以下简称《民法典》)第九十条规定“具备法人条件……为公益目的或者会员共同利益等非营利目的设立的社会团体,经依法登记成立,取得社会团体法人资格”。由此看来,我国在法律法规层面上,社会团体相关概念还处于模糊的游走状态。

原《体育法》用的是“体育社会团体”,并将其作为章名。截至目前,学界尚未对“体育社会团体”形成统一认识,但达成了三点共识:一是具有非营利性的法律属性,二是具有独立的法律地位,三是与政府、企业、社会之间存在多向互动关系。需要指出的是,我国的“体育社会团体”发展滞后,且有大量民间体育组织并不满足《民法典》“依法登记成立”的要求,但这些体育组织正广泛参与体育社会运行,是推动我国体育事业发展的重要力量。而现有的“体育社团”和“体育社会组织”是一个不包含“未经依法登记的草根性体育组织”的概念。

## 二、“体育组织”是章名最优选择

党的十八大以来,我国在推进国家治理方面出台了一系列改革方案,如《国务院机构改革和职能转变方案》(2013)、《中共中央关于全面推进依法治国若干重大问题的决定》(2014)、《关于改革社会组织管理制度促进社会组织健康有序发展的意见》(2016)等文件,均使用“社会组织”的名称,且明确了社会组织包含社会团体。这些政策性文件及法规的覆盖范围正朝着纵深、宽泛两个维度发展,显然，“体育社会团体”所涉范围无法满足体育社会治理理论发展的要求。这也是修订草案初稿确定章名为“体育社会组织”的主要原因。

“体育社会组织”与“体育组织”相比，前者的覆盖范围主要被限定为“法人”组织，不包括“学校体育中的组织”及企事业单位内部自愿组织设立的体育组织，更不包括社会上未经依法登记的体育组织，随着我国体育管理体制和运行机制改革不断深入，我们需要对更大范围的体育社会进行规制。而“体育组织”的覆盖范围则明显大于“体育社会团体”和“体育社会组织”，以未来我国体育事业发展计，“体育组织”更符合国家政策导向与社会发展要求。

从体育全球化角度看，“体育组织”更符合国际体育界对举办和发展体育活动主体的习惯之称谓。从相关座谈调研及问卷调查情况看，对采用“体育社会组织”或“体育组织”为章名持赞成态度的占比分别为37.66%和41.39%，具有一定的社会基础。

新修订的《体育法》已将“体育社会团体”章修订为“体育组织”。自修订草案起草以来，该章名就在探索使用“体育社会团体”“体育社会组织”还是“体育组织”，且在修订草案初稿中章名定为“体育社会组织”。综上，笔者认为，“体育组织”覆盖面更宽泛，更契合我国对体育社会发展的期许，是最优选择。

（原文刊载于《中国体育报》2022年7月4日第01、02版）

# 于细微处见真章：《体育法》"体育组织"章条款的修订

中国政法大学　袁　钢

相对于其他各章条文修订得"波澜壮阔"，新修订的《中华人民共和国体育法》（以下简称《体育法》）"体育组织"章条文变化可谓"云淡风轻"：原有 5 条小幅修改并新增 3 条。本次修订充分发挥了体育基本法对体育组织依法开展参与体育活动的引导作用，重点加强了体育行业自律，促进了单项体育协会的发展。

**第一，体育总会、中国奥委会职责的实定化。**

新修订的《体育法》强调了中华全国体育总会在各级体育总会中的领导地位和核心作用。将"各级体育总会"修改为"中华全国体育总会和地方各级体育总会"，体育总会组成由"运动员和体育工作者"修改为"各类体育组织和体育工作者、体育爱好者"，其会员组成由"个人会员"修改为"团体会员"和"个人会员"，"个人会员"也从单一的体育工作者（含运动员）扩大为"体育工作者和体育爱好者"，真实地反映了目前各级体育总会会员以团体会员为基础的状况，并明确了上下级体育总会的关系。

根据中国奥委会章程，《体育法》第六十三条将其主要任务明确为"发展体育和推动奥林匹克运动"；第六十五条第一款明确全国性单项体育协会“根据章程加入中华全国体育总会、派代表担任中国奥林匹克委员会委员”，理顺中华全国体育总会（以下简称“总会”）和中国奥委会（以下简称“奥委会”）及全国性单项体育协会之间的关系，准确地反映了“群众性组织”的性质，凸显了总会和奥委会在发展体育事业中的独特地位。

**第二，全国性单项体育协会职责的法定化。**

本次修订解决了原《体育法》只对单项体育协会职责作原则性授权，未明确规定其职责范围，而导致出现单项体育协会法律合法性不足的问题。“全国性单项体育协会”与体育项目之间的关系由“管理该项运动”修订为“负责相应项目”，既符合“国家建立体育项目管理制度”（第一百零四条）的要求，也实际上扩大了全国性单项体育协会的职责范围，同时借鉴部分全国性单项体育协会实体化改革的经验，为实现从“同构”到“脱钩”提供了重要的法律支撑。

首次明确了全国性单项体育协会具有“制定相应项目技术规范、竞赛规则、团体标准，规范体育赛事活动”的职责。全国性单项体育协会是推动我国体育事业发展的重要力量，有能力推动我国体育竞赛活动的规范化发展，应当明确其在相应项目发展中的主导地位。

单项体育协会社团属性决定了其除了法律授权，还包括其会员权利的契约性让渡；决定了其应当重视发展会员，完善会员制度以实现可持续发展。维护会员的合法权益应是单项体育协会发展的重点工作，本次修订新增“单项体育协会应当依法维护会员的合法权益，积极向有关单位反映会员的意见和建议”的规定。

单项体育协会运作使得竞技体育整合趋向组织网络化，有利于政府提高效能，但是在某些特定情况下也可能造成负面效应，出现提供公共产品不足的“失灵”现象。不能完全取消体育行政部门对单项体育协会的指导和监管，但其应在法定范围内进行，本次修订新增“单项体育协会应当接受体育行政部门的指导和监管，健全内部治理机制，制定行业规则，加强行业自律”的规定。这种指导和监管并不是强硬的监管和直接的监督，而是一种柔性的和嵌入式的监管，是以体育行政部门为单项体育协会的规则政策法规提供指导建议，建立和健全体育社团工作考核评估机制等间接方式来实现的。

**第三，各类体育组织发展的倡导性。**

各种基层体育组织是推动全民健身，促进竞技体育发展的重要工作力量，特别是面向青少年体育的俱乐部，以及扎根社区的健身组织，更是常见的自治性组织。为鼓励自治性体育组织发展，本次修订新增第六十八条“国家鼓励发展青少年体育俱乐部、社区健身组织等各类自治性体育组织”的规定，有助于弥补地区发展不平衡，让更多社会成员能够享受到体育活动带来的更高的满足感与获得感。

（原文刊载于《中国体育报》2022年7月5日第01、02版）

## （七）体育产业解读

# 加强体育产业高质量发展的法治保障

上海体育学院　黄海燕

新修订的《中华人民共和国体育法》（以下简称《体育法》）专门增设了“体育产业”章，首次从法律层面肯定了体育产业的地位和作用。相关条文对发挥体育多元价值功能，推动体育产业高质量发展，加快建设体育强国具有重大意义。

### 一、进一步明确了体育产业发展的定位和思路

习近平总书记指出，“体育是促进经济社会发展的重要动力”“推动群众体育、竞技体育、体育产业协调发展”。新修订的《体育法》明确提出“国家支持体育产业发展，完善体育产业体系，规范体育市场秩序，鼓励扩大体育市场供给，拓宽体育产业投融资渠道，促进体育消费”“国家制定体育产业发展规划，扩大体育产业规模，增强体育产业活力，促进体育产业高质量发展，满足人民群众多样化体育需求”。可以看出：第一，体育产业在我国既是民生产业，又是幸福产业，国家对发展体育产业大力支持；发展体育产业的根本目的是通过扩大体育市场供给，满足人民群众多样化体育需求。

第二，要推进体育产业高质量发展，一是要提高体育产业增加值在国民生产总值中的比重，加快推动体育产业成为国民经济支柱性产业；二是要充分发挥金融资本的支持作用，培育壮大体育市场主体，增强体育产业发展活力；三是要深挖体育消费潜力，打造体育消费新业态新场景，引导和促进体育消费；四是强调国家在体育产业发展中的规划引领作用，强化政府部门对体育产业的顶层设计，加快完善体育产业政策体系，鼓励更多社会力量积极参与体育产业发展。

## 二、进一步明晰了体育产业的内容和体系

新修订的《体育法》提出“国家支持和规范发展体育用品制造、体育服务等体育产业，促进体育与健康、文化、旅游、养老、科技等融合发展”“国家支持体育用品制造业创新发展，鼓励企业加大研发投入，采用新技术、新工艺、新材料，促进体育用品制造业转型升级”“国家培育健身休闲、竞赛表演、场馆服务、体育经纪、体育培训等服务业态，提高体育服务业水平和质量”。可以看出：第一，体育服务和体育用品制造是体育产业的重要组成部分，既要开发健身休闲、竞赛表演、体育培训等覆盖全生命周期的生活性体育服务，发展体育经纪、体育产品研发设计等生产性体育服务，也要创新发展体育用品制造业，推动体育制造与体育服务深度融合。第二，大力发展“体育+”，推动体育与其他相关产业融合发展，进一步培育体育的新需求、新消费、新产品、新业态、新模式是扩展体育产业发展空间，促进体育产业高质量发展的必由之路。第三，要以建立现代体育产业体系为目标，发挥科技创新在体育产业转型升级中的引领作用，大力发展现代服务业和高端体育用品制造业，

扩大中高端体育产品和服务的有效供给，提升体育产品和服务的质量和水平。

## 三、有利于推动区域体育产业协调发展

新修订的《体育法》明确提出“国家建立健全区域体育产业协调互动机制，推动区域间体育产业资源交流共享，促进区域体育协调发展”“国家支持地方发挥资源优势，发展具有区域特色、民族特色的体育产业”。可以看出：第一，交流合作是区域体育产业发展的基础，要加强政府部门间的沟通与协调，积极搭建区域体育产业合作平台，促进区域间体育产业资源的自由流动和合理配置，加快推动京津冀、长三角、粤港澳大湾区、成渝城市群等区域成为体育产业增长极。第二，加快发展区域体育产业，要处理好区域内特色化发展和同质化发展的关系，统筹考虑区域内的资源禀赋，引导运动项目产业合理布局，因地制宜发展区域特色体育产业。

新修订的《体育法》为我国体育产业高质量发展提供了法治保障。尽快制定出台相关落实文件，加快构建体育产业法治规范体系，将成为未来一段时间的重要工作。

（原文刊载于《中国体育报》2022 年 7 月 5 日第 01、02 版）

## （八）保障条件解读

# 《体育法》修订为体育场地设施发展提供强有力法治保障

华中师范大学　陈元欣

体育场地设施是群众参与体育活动的重要载体和物质基础，是建设体育强国和构建更高水平全民健身公共服务体系的重要内容。《中华人民共和国体育法》（以下简称《体育法》）修订过程中，坚持以问题为导向，聚焦群众“健身去哪儿”的难题，优化顶层设计，从用地、规划、投资、建设、使用等多角度、全流程规范体育场地设施的建设与使用，为未来体育场地设施发展提供了强有力的法治保障，有助于加强群众身边的体育场地设施建设，有望从根本上解决群众“健身去哪儿”的难题。

**一是法治保障更为全面。**新修订的《体育法》围绕解决群众“健身去哪儿”的难题，新增10余条相关条文，涉及体育场地设施用地、社区体育场地建设、社会力量投资、对外开放、运行管理等方面，重点解决体育场地设施发展过程中用地不足、供给主体单一、社区配建困难、法律责任缺失等问题。新修订的《体育法》提出“任何单位和个人不得侵占公共体育场地设施及其建设用地”，不仅针对公共体育场地设施，而且将其建设用地一并纳入保护，扩大了保护范围。新修订的《体育法》将体育场地设施发展的用地、规划、设计、配置、使用、拆除等全生命周期纳入法治轨道，使体育场地设施发展全流程有法可依，可为未来体育场地设施发展提供全方位的法治保障。

**二是政策措施更加完善。**新修订的《体育法》积极吸收各地体育场地设施建设的成功经验与政策创新，将部分有益经验上升为法律。如“国家鼓励充分、合理利用旧厂房、仓库、老旧商业设施等闲置资源建设用于公民日常健身的体育场地设施”，为未来各地尤其是社会力量利用旧厂房等闲置资源建设体育场地设施提供了具体的法律遵循。新修订的《体育法》提出“公共体育场地设施的规划设计和竣工验收，应当征求本级人民政府体育行政部门意见”“新建、改建、扩建居住社区，应当按照国家有关规定，同步规划、设计、建设用于居民日常健身的配套体育场地设施”。这些政策措施完善、具体，既明确了相关主体的权利、义务，又强化了政府体育行政部门的责任，具有较强的可操作性，有助于《体育法》的实施。

**三是法律责任更为严格。**新修订的《体育法》加大了对公共体育设施的保护力度，相关法律责任由过去的一条增加为两条，明确了违反《体育法》的相关行为，规定了侵占、破坏或未经批准临时占用公共体育设施的法律责任，且加重了对违法主体的处罚力度。对于侵占、破坏公共体育场地设施的，原《体育法》只是责令违法主体限期改正，并依法承担民事责任，新修订的《体育法》为“并可处实际损失五倍以下的罚款”，处罚力度更大。而且，对于未经批准临时占用公共体育场地设施的，原《体育法》并未明确相应的法律责任，新修订的《体育法》明确提出要“由县级以上人民政府体育行政部门会同有关部门责令限期改正；逾期未改正的，对公共体育场地设施管理单位处十万元以上五十万元以下的罚款；有违法所得的，没收违法所得”。严格的法律责任将更好地发挥《体育法》的规范作用，确保公共体育场地设施主要用于体育活动，以满足人民日益增长的美好生活需要。

（原文刊载于《中国体育报》2022 年 7 月 6 日第 01、02 版）

# 《体育法》“保障条件”章的修改及实施展望

北京工业大学　韩新君

设置“保障条件”章是我国现行行业立法惯常采用的模式，应理解为一种狭义的、直接的具体事项保障，新修订的《中华人民共和国体育法》(以下简称《体育法》)沿用了这一模式。原《体育法》“保障条件”章共七条（第四十七条被十一届全国人大常委会第十次会议于 2009 年 8 月 27 日通过的《全国人民代表大会常务委员会关于修改部分法律的决定》删除)，包括体育经费投入、社会资本参与、体育资金管理、体育经营管理、公共体育设施规划建设、公共体育设施开放和体育专业教育，明确了国家从人、财、物等方面以法律规范的形式保障我国体育事业的发展。

经过近三十年的发展，我国社会发生了巨大变化。一方面，经济发展和人民生活水平提高导致的对体育健康的需求和公共体育服务供给不足之间的矛盾愈发明显；另一方面，体育产业呈现蓬勃生机，体育事业改革也逐步深入。进入新时代，以习近平同志为核心的党中央进一步谋划和推动体育事业的改革发展，加快体育强国的建设步伐，将体育事业发展与实现“两个一百年”的奋斗目标、全面建设社会主义现代化国家和中华民族伟大复兴更加紧密地联系起来。对于这些变化和要求，原《体育法》“保障条件”章的规定显然不足以为我国体育适应时代的发展提供强有力的制度支持和保障。本着以问题为导向的原则，积极回应社会各界关切，科学研判体育改革发展的态势，通过多轮次“上下互动”“多元互动”过程，《体育法》“保障条件”章作出了大幅度修改。

首先，新增了多个条款。如对实践中已被广泛采用的政府通过购买公共体育服务，提高政府公共服务供给能力和效率的手段进行了明确规定，回应了基层体育部门的呼声，提供了法律依据，并与《中华人民共和国公共文化服务保障法》第四十九条对应，进而形成文化体育领域内政府购买公共服务的基本法律保障；新增了有关居住社区配套体育场地设施的规定，新建、改建、扩建居住社区，应当按照国家有关规定，同步规划、设计、建设用于居民日常健身的配套体育场地设施，并在同一条的另一款明确规定，公共体育场地设施的设计和建设，应当符合国家无障碍环境建设要求，有效满足老年人、残疾人等特定群体的无障碍需求；新增条款明确规定县级以上地方人民政府有建立全民健身公共场地设施维护管理机制的权责，有义务将管理和维护全民健身公共场地设施的责任进行制度性落实；为解除人们对体育伤害的后顾之忧，增加了专门的体育保险条款。

其次，修改认同原《体育法》“保障条件”章从人、财、物等方面对体育发展的保障，更多的是对有关条款实操性、现实性的修改完善，以切实起到法律的刚性规范作用。如因特殊需要临时占用公共体育场地设施超过十日的，应当经本级人民政府体育行政部门同意；超过三个月的，应当报上一级人民政府体育行政部门批准。

经批准拆除公共体育场地设施或者改变其功能、用途的，应当依照国家有关法律、行政法规的规定先行择地重建。

最后，也是非常重要的，明确规定了地方体育行政部门对公共体育场地的管理权力。如公共体育场地设施的规划设计和竣工验收，应当征求本级人民政府体育行政部门意见。因特殊需要临时占用公共体育场地设施超过十日的，应当经本级人民政府体育行政部门同意；超过三个月的，应当报上一级人民政府体育行政部门批准。这有助于体育活动场地设施的供给和不被占用。

《体育法》是指导我国体育事业发展的基本纲领，是维护人民群众参与体育运动权利的法律保障。《体育法》“保障条件”章是更为明确的保障国家体育事业发展和人民群众体育需求的有关人、财、物等方面的具体法律规范。多个新增条款意义重大，适时修订与分列原有条款，为体育的发展提供了法律规制的操作性和针对性，我国以人民为中心的体育势必会在法律的保障下得到扎实推进。

（原文刊载于《中国体育报》2022 年 7 月 6 日第 01、02 版）

## （九）体育仲裁解读

# 构建独立、专业、具有国际影响力的中国体育仲裁制度

福州大学　李　智

伴随体育全球化、商业化的发展，与体育相关的纠纷越来越多。体育仲裁以其独立、专业的特性，得到体育组织和国内法的认可，成为解决体育纠纷的主要方式。

原《中华人民共和国体育法》（以下简称《体育法》）明确“在竞技体育活动中发生纠纷，由体育仲裁机构负责调解、仲裁”，并授权国务院另行规定“体育仲裁机构的设立办法和仲裁范围”。由于与之后出台的《中华人民共和国立法法》产生冲突，这一授权条款受到限制，致使我国独立的体育仲裁制度一直未能建立。体育纠纷多通过体育组织内部仲裁、劳动仲裁、诉讼、国际体育仲裁进行解决，不仅在裁决效力、专业性、及时性等方面饱受争议，还引发了国内体育纠纷国际化的现象，对我国体育事业的发展造成影响。新修订的《体育法》设立了“体育仲裁”专章，对仲裁机构设置、仲裁范围、裁决效力、仲裁程序衔接等内容进行了规范，从立法上确立了独立、专业的体育仲裁制度。

## 一、建立独立的体育仲裁机构

“体育仲裁”章第一条即明确了独立性原则，并将其贯穿始终。首先，体育仲裁机构具有独立性。我国体育仲裁机构根据法定条件，经由法定程序组成，在法律性质上具有独立性，自主运行并办理仲裁案件。其次，仲裁员的选聘和办案不受外部干涉。体育仲裁机构依法依规形成中立、专业的仲裁员名册；仲裁庭的组成及办案程序不受任何行政机关、社会组织和个人的干涉。最后，明确体育仲裁裁决具有“一裁终局”的效力，通过法律确权使其成为体育纠纷的最终解决方式。

## 二、确定体现体育纠纷特点的仲裁范围

新修订的《体育法》采取“列举＋兜底＋排除”的模式，对可仲裁事项进行了界定。“体育仲裁”专章既关注了体育纠纷处理的特殊性，将对体育组织处罚和决定不服的纠纷列入了受案范围，对体育纠纷“上诉审”进行了明确；又尽可能回应了与体育有关的解纷需求，将实践中争议较多的运动员工作合同问题纳入仲裁范围，并以“竞技体育其他纠纷”作为兜底范围。同时，采取排除方式，与其他类型的仲裁范围进行“划界”，适当受案。相信随着我国体育仲裁机构的设立和运行，体育仲裁的受案范围会在实践中不断明确、磨合，逐步提升与其他仲裁类型的协调度。

## 三、与其他体育纠纷解决机制有效衔接

体育纠纷解决体系具有多元性，仲裁既要在其中保持其独立性、

终局性和专业性，又要注重与其他纠纷解决机制的衔接与协调，这也是保证其独立地位的重要基础。首先，须与国内体育组织内部纠纷解决程序有效衔接。《体育法》确立了解决体育纠纷的“用尽内部救济”原则，并由体育仲裁为体育纠纷解决“兜底”，促进了内部纠纷解决机制和体育仲裁的有效衔接。为防止内部纠纷解决机构不恰当地拖延甚至拒绝审理，体育仲裁有权依据当事人的申请，自行判定内部纠纷解决机制处理是否及时并介入纠纷解决。其次，与国内诉讼程序实现衔接。人民法院依法有权对体育仲裁裁决进行司法审查，作出撤销和重新仲裁的裁决和决定，保障体育仲裁裁决的独立性和公平性。体育仲裁裁决具有“羁束力”，裁决结果可以通过法院执行得到司法保障。同时，确定了撤销裁决和重新仲裁制度。撤裁和重新仲裁的具体适用情形在正在修订的《中华人民共和国仲裁法》中也进行了详细列明，未来在体育仲裁实践中可适当参考。最后，与国际体育仲裁相互协同。一方面，国内独立的体育仲裁机构的裁决将得到国际体育组织、世界反兴奋剂机构、国际体育仲裁院的认可和尊重。另一方面，与国际体育仲裁院在管辖范围上形成平行、协同的状态。国内体育仲裁主要关注国内的体育纠纷，对于其作出的裁决结果，除特别管辖权保留外，一般不可上诉至国际体育仲裁院。这既提升了体育纠纷解决的效率，也有效地避免了国内体育纠纷国际化的现象。此外，还可借鉴国际体育仲裁院的经验，在重大体育赛事期间设立临时仲裁庭，公正、高效、及时地解决纠纷。

（原文刊载于《中国体育报》2022 年 7 月 7 日第 01、02 版）

# 体育仲裁制度的立法权限与受案范围

苏州大学　郭树理

原《中华人民共和国体育法》（以下简称《体育法》）第三十二条规定：“在竞技体育活动中发生纠纷，由体育仲裁机构负责调解、仲裁。”但由于诸多原因，体育仲裁制度一直无法建立。同时，人民法院常以原《体育法》第三十二条为由，拒绝管辖体育纠纷案件，体育纠纷受诉无门。该条还规定“体育仲裁机构的设立办法和仲裁范围由国务院另行规定”，明确了中国体育仲裁机制的立法形式是国务院的行政法规。但 2000 年颁行的《中华人民共和国立法法》（以下简称《立法法》）第八条规定“下列事项只能制定法律：……（十）诉讼和仲裁制度……”，又表明体育仲裁制度只能以“法律”形式进行立法。同时，《立法法》第七条规定，国家立法权只能由全国人大及其常委会行使；第九条还规定，司法制度事项不得由全国人大及其常委会授权给国务院进行立法授权。体育仲裁制度作为“司法制度事项”，不得通过全国人大及其常委会授权给国务院进行立法。从法律性质、法律位阶来看，《体育法》的位阶低于《立法法》。原《体育法》和《立法法》的条文存在法律冲突，导致体育仲裁制度一直无法真正建立。《立法法》实施后，针对劳动争议仲裁制度、农村土地承包经营纠纷仲裁制度，全国人大常委会在《中华人民共和国仲裁法》(以下简称《仲裁法》)之外，相继制定了《中华人民共和国劳动争议调解仲裁法》(以下简称《劳动争议调解仲裁法》)《中华人民共和国农村土地承包经营纠纷调解仲裁法》。但寄希望于全国人大或其常委会制定专门的体育仲裁法并不现实，国家专门的体育仲裁立法需要考虑立法成本与立法效益。

2022 年 6 月 24 日，十三届全国人大常委会第三十五次会议通过了《体育法》修订案,新修订的《体育法》增设了“体育仲裁”章，一共十个条文，其中第九十一条明确了国家设立独立的体育仲裁制度:“国家建立体育仲裁制度，及时、公正解决体育纠纷，保护当事人的合法权益。体育仲裁依法独立进行，不受行政机关、社会组织和个人的干涉。”

新修订的《体育法》第九十二条明确规定了体育仲裁的受案范围:“当事人可以根据仲裁协议、体育组织章程、体育赛事规则等，对下列纠纷申请体育仲裁:(一)对体育社会组织、运动员管理单位、体育赛事活动组织者按照兴奋剂管理或者其他管理规定作出的取消参赛资格、取消比赛成绩、禁赛等处理决定不服发生的纠纷;(二)因运动员注册、交流发生的纠纷;(三)在竞技体育活动中发生的其他纠纷。《仲裁法》规定的可仲裁纠纷和《劳动争议调解仲裁法》规定的劳动争议，不属于体育仲裁范围。”这一规定，明确划分了体育仲裁制度与此前《仲裁法》《劳动争议调解仲裁法》中规定的民商事仲裁制度与劳动仲裁制度的各自受案范围，突出了体育仲裁制度的专业仲裁属性，适用体育仲裁制度来排他性地处理具有体育特殊性的纠纷，使新的体育仲裁制度不会与原有的民商事仲裁制度与劳动仲裁制度发生冲突。

新修订的《体育法》第九十三条规定了体育仲裁委员会的组成："国务院体育行政部门依照本法组织设立体育仲裁委员会，制定体育仲裁规则。"该条文区分了体育仲裁法与体育仲裁具体程序规则，后者并非《立法法》第八条所指的设立体育仲裁制度的立法，因此可以由国务院体育行政部门去制定，不存在超越立法权限的问题。

新修订的《体育法》通过国家立法的方式，建立了适合中国国情的外部体育仲裁制度。《体育法》新增设的"体育仲裁"章，改变了长期以来我国体育仲裁规定一直未能落地的现状，对于及时、公正解决体育纠纷，保护当事人的合法权益具有重要意义。

（原文刊载于《中国体育报》2022 年 7 月 7 日第 01、02 版）

## （十）监督管理解读

# 夯实体育领域监管责任 加强人民生命安全保障

北京市易和律师事务所　闫丽彬

《中华人民共和国体育法》（以下简称《体育法》）修订坚持以习近平中国特色社会主义法治思想为指引，聚焦《体育法》实施以来体育领域法治成功经验和新的治理问题，从立法层面厘清依法治体逻辑和规范，开启了依法治体新篇章。新修订的《体育法》新增第十章“监督管理”，科学、明确、细化监管体系，突出良法的明确性、可行性和实效预期。

### 一、坚持以宪法为根本，进一步完善体育治理的法律规范体系

坚持依法治体必然建立在坚持依宪立法、依法行政基础上。“监督管理”章的设立，填补了《体育法》政府监管空白。从职责定位、工作机制、履职程序和方式方法、执法保障、履职监督等方面，对体育监督管理工作进行了定位精准、逻辑清晰、高度凝练的规范，强化了高危险性体育项目和赛事、体育市场的监管力度和规则，对

体育监督管理工作进行明确规范，从立法上进一步推动实现服务、监督、管理相统一。将经营高危险性体育项目目录管理和许可制度上升到法律层面规范，解决了立法位阶不高、执法力度不够问题；填补了体育监管职责分工与协作，体育赛事、体育市场监管方式，体育执法机制，体育工作监督等立法空白，以及高危险性体育赛事监管立法空白。

## 二、坚持政府主体责任，构建《体育法》行为政府监管工作机制

全面贯彻法治政府的主动作为和引领示范精神，在体育法律层面首次规范监管程序、执法协作、执法保障、人大监督等监管体系机制，细化了特定事项的事前事中事后监管机制和规则。

提高责任意识，明确主体定位。确立了县级以上人民政府统筹，体育部门主责，按《体育法》调整行为性质由相关部门分工监管、联合监管的主体责任体系；规定了县级以上人民政府体育行政部门和有关部门应当积极履行监督检查职责；规定了县级以上人民政府公安、市场监管、应急管理等部门按照各自职责对体育赛事活动进行监督管理；规定了县级以上人民政府市场监管、体育行政等部门按照各自职责对体育市场进行监督管理。

完善制度机制，提高主动治理能力。明确了积极履行监督检查职责，突出了对责任部门履职的主动性和常态化要求，确定了执法移送和协作机制；明确了体育项目管理和新设项目认定管理制度。

细化监管监督，重视执法保障。首次明确规定，人大对体育工作的监督机制及具体措施和监督范围；明确了县级以上人民政府体

育执法机制建设和保障要求。

## 三、坚持以人民为中心，加强高危险性体育项目和体育赛事监管

近年来，随着我国体育领域市场主体的多元化、行为形式的多样性，也出现了部分市场主体安全生产意识淡薄、规范意识和责任意识欠缺的问题，导致部分体育项目的经营和体育赛事活动存在风险隐患，安全事故时有发生。

针对新形势新问题，相关条款聚焦规范体育赛事、体育项目监管行为，明确监管机制，推进事中事后监管法治化、制度化、规范化，提高赛事活动监管规范位阶，强化监督机制，有效防范和处置危险事件，切实保障人民的生命安全。

建立安全第一、风险预警预防为主、组织者安全保障义务落实、多部门联合监管的原则。明确举办高危险性体育赛事活动、经营高危险性体育项目许可、审批制度，增加体育行政部门实地核查义务和程序规定；明确有关政府部门在体育赛事活动中的事前检查、事中中止权。

新修订的《体育法》颁布施行后，必将为人民的生命健康安全和基本体育权利实现、体育事业发展、高质量推动体育强国建设提供更加有力的保障。

（原文刊载于《中国体育报》2022 年 7 月 8 日第 01、02 版）

# 论新《体育法》中监督管理的立法特点

上海政法学院　关保英

新修订的《中华人民共和国体育法》(以下简称《体育法》)新设“监督管理”章，对体育治理中的监督管理作了规定，这是新修订的《体育法》的一个亮点。这既改变了传统体育治理中的相关理念，也使《体育法》对体育治理关系的调整有了相应的保障机制。综观“监督管理”章的规定，不难看出它有如下立法特点。

## 一、监督管理的全面性

《体育法》的规范调整涉及群众体育、职业体育、竞技体育等诸多内容。有些体育关系存在于市场机制之中，有些体育关系则存在于政府治理和社会治理之中。在调整这些复杂的因体育而引起的社会关系时不能有所疏漏，不能留有空白地带。而监督管理的设置要与《体育法》所调整的社会关系予以对应。所以，在“监督管理”部分就规定了体育事业中几乎所有的问题和事项。如市场监管问题、突发体育事件问题、主体资格审核问题、体育赛事后勤补给问题等。这种在监督过程中的全面覆盖使体育监管部门对体育的后续保障、事后跟踪等都不留死角。有关监管内容的选择和处理也非常系统，有着逻辑上的结构性。从主体到行为到特殊事项再到突发事件等，每一项监管的内容都有着相应的关联性。这便使《体育法》与我国所强调的法治保障体系联系在一起，其理论前提和制定依据也非常厚实。

## 二、监管职责的明确性

体育事业和体育活动的参与主体非常广泛，如果从法律关系的角度讲，整个体育治理所形成的关系中，就有一个由履行体育管理职能的机关与其他当事人所形成的具有行政性的法律关系。在这个法律关系中作为治理主体的一方，包括各级人民政府、体育管理的职能部门，以及其他与体育治理事项有关的行政主体等，享有单方面性的权利。如对体育赛事作出审批、对体育主体资格作出认可、对已经开展的体育活动进行管理和控制等。需要对每一个主体规定相对明确的职责，避免在监督管理中出现推诿或者不作为等情形。新修订的《体育法》在监督管理中有些职责非常明确，如体育赛事活动因发生极端天气、自然灾害、公共卫生事件等突发事件，不具备办赛条件的，体育赛事活动组织者应当及时予以中止，未中止的由县级以上人民政府责令其中止体育赛事活动。在此基础上，还明确要求县级以上地方人民政府在每届任期中要对同级人民代表大会或者其常务委员会报告一次有关体育治理中的事项，使体育监督管理中的职责履行有后续的保障机制。这种关于职责的具体规定、关于职责的明确化是新修订的《体育法》监督管理中的又一个亮点。

## 三、监督管理的实效性

习近平总书记指出，法律的生命力在于实施，法律的权威也在于实施。新修订的《体育法》之所以要设置监督管理制度，其法治理念也正源于此。换言之，如果《体育法》中没有设置监督管理制度，其在实施中就会遇到一定的障碍。监督制度的设置使《体育法》所规制的事项、所调整的关系都能够由冷冰冰的条文变为具体的权利和义务。而监督管理如果流于形式，那同样无法促进《体育法》中权利和义务的实施。新修订的《体育法》在监督管理的规定中，没有罗列相关抽象的概念，每一个条文都是监督管理的干货。例如，规定国家建立体育项目管理制度，新设体育项目由国务院体育行政部门认定，每四年公布一次体育项目目录，这便可以使监督部门在履行监督职能时有更为具体的依据。而经营高危险体育项目必须履行严格的行政审批程序，经营者只有拿到许可证之后才可以进行经营。为了使监督制度常态化，规定县级以上人民政府应当建立体育执法机制，为体育执法提供必要保障。体育执法情况应当向社会公布，接受社会监督。这就使体育治理中的监督保障既是一个完整的机制和体系，也是能够和社会对接的开放性的系统。在如此精巧的监督管理体系中，有关监督的实效性就得到了保障和充分的阐释。

（原文刊载于《中国体育报》2022 年 7 月 8 日第 01、02 版）

## （十一）法律责任解读

# 明确法律责任承担　提高法律实施效果

潍坊学院　朱文英

《中华人民共和国体育法》（以下简称《体育法》）自1995年施行以来，极大地推动了我国体育事业的发展。但受经济利益驱动，体育领域违反体育道德、体育规则及违法现象不断发生，严重影响了体育运动的健康发展。但受制于原《体育法》“法律责任”条款的不完善，惩治这些行为的法律依据不足。新修订的《体育法》对“法律责任”章进行了大幅扩充，条款从6个增至11个，充分弥补了原《体育法》的不足。新修订的《体育法》对“法律责任”内容的修改具有如下亮点。

### 一、明确诚信缺失行为的责任

作为一项古老的道德戒律和法律原则，诚信原则是现代法治社会的一项基本法律规则，体育领域更是如此。可以说，诚信是体育法治的本质。但受体育活动特别是体育赛事巨大利益的驱使，体育活动参加者的诚信缺失行为不断增多，“假球”“黑哨”“使用兴奋剂”“恶意犯规”等现象严重破坏了体育赛事的公平竞争，违背了体育精神。而原《体育法》仅规定了“从事弄虚作假等违反纪律和体育规则的行为”的责任，新修订的《体育法》则列举为“违反体育道德和体育赛事规则，弄虚作假、营私舞弊等行为”，而且进一步明确了责任主体（国家机关及其工作人员、运动员、教练员、裁判员、体育赛事活动组织者）及责任承担。立法对诚信缺失行为责任的扩充，会进一步确保体育比赛的纯洁与公平，保障体育运动的健康发展，也是贯彻习近平法治思想和构建诚信社会之必须。

## 二、扩大体育组织对“违纪行为”的处理权

原《体育法》仅规定了体育社会团体对服用兴奋剂行为的处罚权，新修订的《体育法》则扩大了体育组织的处理事项范围，并明确了主体范围（体育组织/有关体育社会组织、运动员管理单位、体育赛事活动组织者）、适用对象（运动员、教练员、裁判员）及处理事项（违反体育道德和体育赛事规则，弄虚作假、营私舞弊等行为和违规使用兴奋剂）。基于体育组织金字塔形层级结构的特殊性，新修订的《体育法》以立法形式赋予了体育组织对其内部体育事务的自治权。尽管对该项自治权尤其是“纪律处罚”的性质仍存争议，却更有效地促进了体育运动的健康发展，更是我国立法尊重体育特殊性的突出表现。

## 三、责任条款的逻辑结构更加周延

首先，责任主体的逻辑层级更为严密。原《体育法》责任条款间逻辑性不强，而新修订的《体育法》沿着国家、组织、个人、体育赛事活动组织者这个层级设计，逻辑层级更为明晰、合理。毕竟

在发展体育事业、建设体育强国进程中，国家居于核心地位，起着主导作用。其次，法律责任与义务的对应更为全面。原《体育法》责任条款远少于义务条款的数量，义务设定与法律责任明显失衡。新修订的《体育法》针对各章内容增加了对应的责任条款，并增加了处罚类型和措施。如原《体育法》规定“学校”的义务却无相应的责任，新修订的《体育法》新增的学校责任条款弥补了这项空白。最后，法律责任之间的衔接更为顺畅。每个条款的责任程度递进关系得以完善，各类法律责任之间以及与其他法律责任的衔接更为合理。

## 四、责任条款的可操作性显著增强

原《体育法》中，无论是责任主体、责任类型还是责任承担方式均为概况性规定，这样做的好处在于可以用有限条款覆盖尽可能多的行为，但不足之处在于条文过于宽泛，可操作性降低。新修订的《体育法》不仅列举了违法行为类型，分层级设计了责任主体，还列举了承担责任的具体形式，责任承担方式也更加细化，可操作性大大提高，法律实施效果必然会显著提升。

在建设法治国家的进程中，新修订的《体育法》“法律责任”章上述几方面的修改，对体育活动参加者依法、合规地从事体育活动，对我国体育事业的更加繁荣，对法治社会和健康中国的建设，都必将起到进一步的推动作用。

（原文刊载于《中国体育报》2022年7月11日第01、02版）

# 完善体育法律责任<br>增强《体育法》的规范效力

上海师范大学　刘作翔　　南京体育学院　闫成栋

1995年《中华人民共和国体育法》(以下简称《体育法》)的颁行，推动了我国体育法治化进程。随着时代发展，原《体育法》不能充分满足体育现实需求的各种情形日益凸显。其中，体育法律规范逻辑结构不完整，对体育违法行为无法有效问责，是《体育法》存在的一个突出问题。

原《体育法》设“法律责任”专章，共6个条款，主要为竞技体育中从事弄虚作假的行为，利用竞技体育从事赌博等活动，在体育运动中使用禁用药物和方法的行为，侵占、破坏公共体育设施的行为，体育活动中寻衅滋事、扰乱公共秩序，以及挪用、克扣体育资金等行为，设定了否定性法律后果。这些条款数量较少，且无法与整部法律中的行为模式相匹配，难以保证相关主体法律义务的实际履行。新修订的《体育法》则完善了法律责任，对这些问题进行了较好的回应。

## 一、扩大了适用领域，提升了法的强制力

《体育法》作为全面调整各类体育社会关系的专门法律，其有

效实施在一定意义上取决于法律责任规定的合理性。原《体育法》法律责任条款主要集中在竞技体育领域，而在其他领域，特别是学校体育方面的规定明显不足。如“学校体育”章的 7 个条款均以“应当”“必须”等词语为相关主体设定了法律义务，却没有任何对应的法律责任条款，难以为学校体育领域法律制度的有效实施提供强制保障。新修订的《体育法》对应全民健身、青少年和学校体育、竞技体育及反兴奋剂、监督管理等章的法律义务条款，增加了相应的法律责任内容，以逻辑结构完整的体育法律规范，彰显了《体育法》的强制性和执行性。

## 二、明晰了责任主体，增强了可操作性

法律责任是有责主体因法律义务违反之事实而应当承受的由专门国家机关依法确认并强制或承受的合理的负担。明确承担主体，是约束体育违法行为、增强体育法可操作性的基本要求。由于《体育法》所调整的社会关系具有综合性，体育法律责任主体也具有多元性。既包括体育行政部门、教育行政部门等行政管理主体及其工作人员，也包括运动员、教练员、裁判员等体育活动参加者。此外，还有体育组织、学校等非营利法人，体育赛事活动组织者，体育项目经营者等民事主体。这些法律主体参加具体的体育法律关系，在享有权利、履行义务的同时，也要承担相应的法律责任。原《体育法》在责任主体的规定方面存在一定欠缺，存在偏重强调国家工作人员中直接责任人员法律责任、行政相对人法律责任设定不足等情形。新修订的《体育法》增加了针对体育赛事活动组织者、高危险性体育项目经营者，以及运动员、教练员、裁判员等行政相对人违

法行为的行政处罚，补充规定了责令国家机关、体育组织、学校改正违法行为等内容，明晰了不同主体的法律责任，有利于《体育法》在实践中的准确适用。

## 三、增设了责任形式，提高了立法质量

随着体育社会化、市场化发展，体育行为、体育社会关系日益复杂，催生了对法律规制方式以及法律责任形式多样化的新要求。原《体育法》责任形式比较单一，主要是责令停止违法行为、责令限期改正等直接行为后果类责任，以及行政处分等内部惩戒类责任，在减损违法主体权益、增加违法主体成本方面影响力不足，难以在新的发展态势下有效规制体育违法行为、实现立法目的。新修订的《体育法》除了明确规定没收违法所得、罚款等法律责任形式，还新增了信用惩戒等类责任（纳入限制、禁止参加竞技体育活动名单）、主体资格减免类责任（撤销登记、责令关闭、吊销许可证照、禁止组织体育赛事活动、不得从事体育管理工作和运动员辅助工作）。新的法律责任形式的引入，补足了原有体育法律责任的功能，优化了体育法律责任的结构，提高了《体育法》的权威性。

（原文刊载于《中国体育报》2022年7月11日第01、02版）

## （十二）附则解读

# 坚决在国际体育运动中维护国家主权、安全、发展利益和尊严

上海市通力律师事务所　吴　炜

《中华人民共和国体育法》（以下简称《体育法》）自 1995 年颁布实施以来迎来首次大修，新修订的《体育法》在保留原法基本框架的前提下，坚持以习近平新时代中国特色社会主义思想为指导，深入学习贯彻习近平总书记关于体育的重要论述，结合新时代发展需求，聚焦解决体育事业改革发展面临的突出问题，进一步完善体育与其他相关领域的衔接协调，为加快体育强国建设，推动我国体育事业高质量发展提供了有力的法治保障。新修订的《体育法》新增了第一百二十条，该条规定“任何国家、地区或者组织在国际体育运动中损害中华人民共和国主权、安全、发展利益和尊严的，中华人民共和国可以根据实际情况采取相应措施”。该条的制定将为我国在体育领域依法采取反制措施提供强有力的法制保障，不仅十分必要，还非常及时。

自改革开放以来，中国的发展取得了举世瞩目的成就，为世界和平和发展事业作出了重要贡献。然而，某些西方国家和组织却

不断利用各种手段对中国的发展进行歪曲污蔑、遏制打压，依据其本国法律对中国的组织和个人实施所谓“制裁”。为依法反制外国歧视性措施，我国于 2021 年 6 月 10 日颁布了《中华人民共和国反外国制裁法》，明确规定外国国家违反国际法和国际关系基本准则，以各种借口或者依据其本国法律对我国进行遏制、打压，对我国公民、组织采取歧视性限制措施，干涉我国内政的，我国有权采取相应反制措施。此外，《中华人民共和国反外国制裁法》第十三条规定，“对于危害我国主权、安全、发展利益的行为，除本法规定外，有关法律、行政法规、部门规章可以规定采取其他必要的反制措施”。并且，于 2021 年更早时间出台的《阻断外国法律与措施不当域外适用办法》同样旨在维护国家主权、安全、发展利益，保护我国公民、法人或其他组织的合法权益。在国际法层面，如世界贸易组织（WTO）相关条例和《维也纳条约法公约》中的自卫原则也为反制措施正当性提供了法律依据。

此类损害不仅限于经济层面，体育领域也波及其中。例如，在反兴奋剂领域，美国出台了《罗琴科夫反兴奋剂法案》，该法案适用于所有美国运动员参加的国际大赛、由在美国经营业务的企业赞助的赛事，以及在美国进行转播的比赛，赋予美国在上述国际重大体育比赛中兴奋剂事务的域外管辖权，美国的域外管辖权已经延伸到国际体育领域。又如，自俄乌冲突以来，原计划在俄罗斯举办的大量体育赛事被迫取消，俄罗斯和白俄罗斯运动员被众多国际体育组织或赛事禁止参赛，其国际体育活动遭受了严重的影响。

我国一直鼓励开展对外体育交往，坚持独立自主、平等互利、相互尊重的原则，维护国家主权和尊严，遵守中华人民共和国缔结或者参加的国际条约。此次修订新增第一百二十条，不仅重申了我国维护国家主权、安全、发展利益和尊严的决心，还有效提升了我国应对外部风险挑战的法治能力，建立了相应的法律基础。

国际间的体育交流能够促进国家与国家之间、人民与人民之间的相互理解，有益于人类社会的“团结、友谊、进步”。体育文化是多元的，是属于世界的，任何政治手段都不应当干涉体育发展与交流，通过法律手段维护国家主权和合法权益是我国体育事业在复杂多变的国际形势下健康发展的重要一环。本次新增第一百二十条，正是保障我国体育不受他国干涉的迫切需要，是维护国家主权、安全、发展利益的迫切需要，充分体现了党和国家对体育活动及发展的深谋远虑，对体育运动保护具有重大现实意义和深远历史意义，为全面建成社会主义现代化体育强国提供了法治基础。

# 附　录

# 中华人民共和国体育法

# 中华人民共和国体育法

（1995 年 8 月 29 日第八届全国人民代表大会常务委员会第十五次会议通过　根据 2009 年 8 月 27 日第十一届全国人民代表大会常务委员会第十次会议《关于修改部分法律的决定》第一次修正　根据 2016 年 11 月 7 日第十二届全国人民代表大会常务委员会第二十四次会议《关于修改〈中华人民共和国对外贸易法〉等十二部法律的决定》第二次修正　2022 年 6 月 24 日第十三届全国人民代表大会常务委员会第三十五次会议修订）

## 目　录

## 第一章　总则

**第一条**　为了促进体育事业，弘扬中华体育精神，培育中华体育文化，发展体育运动，增强人民体质，根据宪法，制定本法。

**第二条**　体育工作坚持中国共产党的领导，坚持以人民为中心，以全民健身为基础，普及与提高相结合，推动体育事业均衡、充分发展，推进体育强国和健康中国建设。

**第三条**　县级以上人民政府应当将体育事业纳入国民经济和社会发展规划。

**第四条**　国务院体育行政部门主管全国体育工作。国务院其他有关部门在各自的职责范围内管理相关体育工作。

县级以上地方人民政府体育行政部门主管本行政区域内的体育工作。县级以上地方人民政府其他有关部门在各自的职责范围内管理相关体育工作。

**第五条**　国家依法保障公民平等参与体育活动的权利，对未成年人、妇女、老年人、残疾人等参加体育活动的权利给予特别保障。

**第六条**　国家扩大公益性和基础性公共体育服务供给，推动基本公共体育服务均等化，逐步健全全民覆盖、普惠共享、城乡一体的基本公共体育服务体系。

**第七条**　国家采取财政支持、帮助建设体育设施等措施，扶持革命老区、民族地区、边疆地区、经济欠发达地区体育事业的发展。

**第八条** 国家鼓励、支持优秀民族、民间、民俗传统体育项目的发掘、整理、保护、推广和创新，定期举办少数民族传统体育运动会。

**第九条** 开展和参加体育活动，应当遵循依法合规、诚实守信、尊重科学、因地制宜、勤俭节约、保障安全的原则。

**第十条** 国家优先发展青少年和学校体育，坚持体育和教育融合，文化学习和体育锻炼协调，体魄与人格并重，促进青少年全面发展。

**第十一条** 国家支持体育产业发展，完善体育产业体系，规范体育市场秩序，鼓励扩大体育市场供给，拓宽体育产业投融资渠道，促进体育消费。

**第十二条** 国家支持体育科学研究和技术创新，培养体育科技人才，推广应用体育科学技术成果，提高体育科学技术水平。

**第十三条** 国家对在体育事业发展中做出突出贡献的组织和个人，按照有关规定给予表彰和奖励。

**第十四条** 国家鼓励开展对外体育交往，弘扬奥林匹克精神，支持参与国际体育运动。

对外体育交往坚持独立自主、平等互利、相互尊重的原则，维护国家主权、安全、发展利益和尊严，遵守中华人民共和国缔结或者参加的国际条约。

**第十五条** 每年 8 月 8 日全民健身日所在周为体育宣传周。

## 第二章　全民健身

**第十六条**　国家实施全民健身战略，构建全民健身公共服务体系，鼓励和支持公民参加健身活动，促进全民健身与全民健康深度融合。

**第十七条**　国家倡导公民树立和践行科学健身理念，主动学习健身知识，积极参加健身活动。

**第十八条**　国家推行全民健身计划，制定和实施体育锻炼标准，定期开展公民体质监测和全民健身活动状况调查，开展科学健身指导工作。

国家建立全民健身工作协调机制。

县级以上人民政府应当定期组织有关部门对全民健身计划实施情况进行评估，并将评估情况向社会公开。

**第十九条**　国家实行社会体育指导员制度。社会体育指导员对全民健身活动进行指导。

社会体育指导员管理办法由国务院体育行政部门规定。

**第二十条**　地方各级人民政府和有关部门应当为全民健身活动提供必要的条件，支持、保障全民健身活动的开展。

**第二十一条**　国家机关、企业事业单位和工会、共产主义青年团、妇女联合会、残疾人联合会等群团组织应当根据各自特点，组织开展日常体育锻炼和各级各类体育运动会等全民健身活动。

**第二十二条** 居民委员会、村民委员会以及其他社区组织应当结合实际，组织开展全民健身活动。

**第二十三条** 全社会应当关心和支持未成年人、妇女、老年人、残疾人参加全民健身活动。各级人民政府应当采取措施，为未成年人、妇女、老年人、残疾人安全参加全民健身活动提供便利和保障。

## 第三章 青少年和学校体育

**第二十四条** 国家实行青少年和学校体育活动促进计划，健全青少年和学校体育工作制度，培育、增强青少年体育健身意识，推动青少年和学校体育活动的开展和普及，促进青少年身心健康和体魄强健。

**第二十五条** 教育行政部门和学校应当将体育纳入学生综合素质评价范围，将达到国家学生体质健康标准要求作为教育教学考核的重要内容，培养学生体育锻炼习惯，提升学生体育素养。

体育行政部门应当在传授体育知识技能、组织体育训练、举办体育赛事活动、管理体育场地设施等方面为学校提供指导和帮助，并配合教育行政部门推进学校运动队和高水平运动队建设。

**第二十六条** 学校必须按照国家有关规定开齐开足体育课，确保体育课时不被占用。

学校应当在体育课教学时，组织病残等特殊体质学生参加适合其特点的体育活动。

**第二十七条** 学校应当将在校内开展的学生课外体育活动纳入

教学计划，与体育课教学内容相衔接，保障学生在校期间每天参加不少于一小时体育锻炼。

鼓励学校组建运动队、俱乐部等体育训练组织，开展多种形式的课余体育训练，有条件的可组建高水平运动队，培养竞技体育后备人才。

**第二十八条**　国家定期举办全国学生（青年）运动会。地方各级人民政府应当结合实际，定期组织本地区学生（青年）运动会。

学校应当每学年至少举办一次全校性的体育运动会。

鼓励公共体育场地设施免费向学校开放使用，为学校举办体育运动会提供服务保障。

鼓励学校开展多种形式的学生体育交流活动。

**第二十九条**　国家将体育科目纳入初中、高中学业水平考试范围，建立符合学科特点的考核机制。

病残等特殊体质学生的体育科目考核，应当充分考虑其身体状况。

**第三十条**　学校应当建立学生体质健康检查制度。教育、体育和卫生健康行政部门应当加强对学生体质的监测和评估。

**第三十一条**　学校应当按照国家有关规定，配足合格的体育教师，保障体育教师享受与其他学科教师同等待遇。

学校可以设立体育教练员岗位。

学校优先聘用符合相关条件的优秀退役运动员从事学校体育教学、训练活动。

**第三十二条** 学校应当按照国家有关标准配置体育场地、设施和器材，并定期进行检查、维护，适时予以更新。

学校体育场地必须保障体育活动需要，不得随意占用或者挪作他用。

**第三十三条** 国家建立健全学生体育活动意外伤害保险机制。

教育行政部门和学校应当做好学校体育活动安全管理和运动伤害风险防控。

**第三十四条** 幼儿园应当为学前儿童提供适宜的室内外活动场地和体育设施、器材，开展符合学前儿童特点的体育活动。

**第三十五条** 各级教育督导机构应当对学校体育实施督导，并向社会公布督导报告。

**第三十六条** 教育行政部门、体育行政部门和学校应当组织、引导青少年参加体育活动，预防和控制青少年近视、肥胖等不良健康状况，家庭应当予以配合。

**第三十七条** 体育行政部门会同有关部门引导和规范企业事业单位、社会组织和体育专业人员等为青少年提供体育培训等服务。

**第三十八条** 各级各类体育运动学校应当对适龄学生依法实施义务教育，并根据国务院体育行政部门制定的教学训练大纲开展业余体育训练。

教育行政部门应当将体育运动学校的文化教育纳入管理范围。

各级人民政府应当在场地、设施、资金、人员等方面对体育运动学校予以支持。

## 第四章　竞技体育

**第三十九条**　国家促进竞技体育发展，鼓励运动员提高竞技水平，在体育赛事中创造优异成绩，为国家和人民争取荣誉。

**第四十条**　国家促进和规范职业体育市场化、职业化发展，提高职业体育赛事能力和竞技水平。

**第四十一条**　国家加强体育运动学校和体育传统特色学校建设，鼓励、支持开展业余体育训练，培养优秀的竞技体育后备人才。

**第四十二条**　国家加强对运动员的培养和管理，对运动员进行爱国主义、集体主义和社会主义教育，以及道德、纪律和法治教育。

运动员应当积极参加训练和竞赛，团结协作，勇于奉献，顽强拼搏，不断提高竞技水平。

**第四十三条**　国家加强体育训练科学技术研究、开发和应用，对运动员实行科学、文明的训练，维护运动员身心健康。

**第四十四条**　国家依法保障运动员接受文化教育的权利。

体育行政部门、教育行政部门应当保障处于义务教育阶段的运动员完成义务教育。

**第四十五条**　国家依法保障运动员选择注册与交流的权利。

运动员可以参加单项体育协会的注册，并按照有关规定进行交流。

**第四十六条** 国家对优秀运动员在就业和升学方面给予优待。

**第四十七条** 各级人民政府加强对退役运动员的职业技能培训和社会保障，为退役运动员就业、创业提供指导和服务。

**第四十八条** 国家实行体育运动水平等级、教练员职称等级和裁判员技术等级制度。

**第四十九条** 代表国家和地方参加国际、国内重大体育赛事的运动员和运动队，应当按照公开、公平、择优的原则选拔和组建。

运动员选拔和运动队组建办法由国务院体育行政部门规定。

**第五十条** 国家对体育赛事活动实行分级分类管理，具体办法由国务院体育行政部门规定。

**第五十一条** 体育赛事实行公平竞争的原则。

体育赛事活动组织者和运动员、教练员、裁判员应当遵守体育道德和体育赛事规则，不得弄虚作假、营私舞弊。

严禁任何组织和个人利用体育赛事从事赌博活动。

**第五十二条** 在中国境内举办的体育赛事，其名称、徽记、旗帜及吉祥物等标志按照国家有关规定予以保护。

未经体育赛事活动组织者等相关权利人许可，不得以营利为目的采集或者传播体育赛事活动现场图片、音视频等信息。

## 第五章　反兴奋剂

**第五十三条**　国家提倡健康文明、公平竞争的体育运动，禁止在体育运动中使用兴奋剂。

任何组织和个人不得组织、强迫、欺骗、教唆、引诱体育运动参加者在体育运动中使用兴奋剂，不得向体育运动参加者提供或者变相提供兴奋剂。

**第五十四条**　国家建立健全反兴奋剂制度。

县级以上人民政府体育行政部门会同卫生健康、教育、公安、工信、商务、药品监管、交通运输、海关、农业、市场监管等部门，对兴奋剂问题实施综合治理。

**第五十五条**　国务院体育行政部门负责制定反兴奋剂规范。

**第五十六条**　国务院体育行政部门会同国务院药品监管、卫生健康、商务、海关等部门制定、公布兴奋剂目录，并动态调整。

**第五十七条**　国家设立反兴奋剂机构。反兴奋剂机构及其检查人员依照法定程序开展检查，有关单位和人员应当予以配合，任何单位和个人不得干涉。

反兴奋剂机构依法公开反兴奋剂信息，并接受社会监督。

**第五十八条**　县级以上人民政府体育行政部门组织开展反兴奋剂宣传、教育工作，提高体育活动参与者和公众的反兴奋剂意识。

**第五十九条**　国家鼓励开展反兴奋剂科学技术研究，推广先进的反兴奋剂技术、设备和方法。

**第六十条** 国家根据缔结或者参加的有关国际条约，开展反兴奋剂国际合作，履行反兴奋剂国际义务。

## 第六章 体育组织

**第六十一条** 国家鼓励、支持体育组织依照法律法规和章程开展体育活动，推动体育事业发展。

国家鼓励体育组织积极参加国际体育交流合作，参与国际体育运动规则的制定。

**第六十二条** 中华全国体育总会和地方各级体育总会是团结各类体育组织和体育工作者、体育爱好者的群众性体育组织，应当在发展体育事业中发挥作用。

**第六十三条** 中国奥林匹克委员会是以发展体育和推动奥林匹克运动为主要任务的体育组织，代表中国参与国际奥林匹克事务。

**第六十四条** 体育科学社会团体是体育科学技术工作者的学术性体育社会组织，应当在发展体育科技事业中发挥作用。

**第六十五条** 全国性单项体育协会是依法登记的体育社会组织，代表中国参加相应的国际单项体育组织，根据章程加入中华全国体育总会、派代表担任中国奥林匹克委员会委员。

全国性单项体育协会负责相应项目的普及与提高，制定相应项目技术规范、竞赛规则、团体标准，规范体育赛事活动。

**第六十六条**　单项体育协会应当依法维护会员的合法权益，积极向有关单位反映会员的意见和建议。

**第六十七条**　单项体育协会应当接受体育行政部门的指导和监管，健全内部治理机制，制定行业规则，加强行业自律。

**第六十八条**　国家鼓励发展青少年体育俱乐部、社区健身组织等各类自治性体育组织。

## 第七章　体育产业

**第六十九条**　国家制定体育产业发展规划，扩大体育产业规模，增强体育产业活力，促进体育产业高质量发展，满足人民群众多样化体育需求。

县级以上人民政府应当建立政府多部门合作的体育产业发展工作协调机制。

**第七十条**　国家支持和规范发展体育用品制造、体育服务等体育产业，促进体育与健康、文化、旅游、养老、科技等融合发展。

**第七十一条**　国家支持体育用品制造业创新发展，鼓励企业加大研发投入，采用新技术、新工艺、新材料，促进体育用品制造业转型升级。

国家培育健身休闲、竞赛表演、场馆服务、体育经纪、体育培训等服务业态，提高体育服务业水平和质量。

符合条件的体育产业，依法享受财政、税收、土地等优惠政策。

**第七十二条** 国家完善职业体育发展体系，拓展职业体育发展渠道，支持运动员、教练员职业化发展，提高职业体育的成熟度和规范化水平。

职业体育俱乐部应当健全内部治理机制，完善法人治理结构，充分发挥其市场主体作用。

**第七十三条** 国家建立健全区域体育产业协调互动机制，推动区域间体育产业资源交流共享，促进区域体育协调发展。

国家支持地方发挥资源优势，发展具有区域特色、民族特色的体育产业。

**第七十四条** 国家鼓励社会资本投入体育产业，建设体育设施，开发体育产品，提供体育服务。

**第七十五条** 国家鼓励有条件的高等学校设置体育产业相关专业，开展校企合作，加强职业教育和培训，培养体育产业专业人才，形成有效支撑体育产业发展的人才队伍。

**第七十六条** 国家完善体育产业统计体系，开展体育产业统计监测，定期发布体育产业数据。

## 第八章 保障条件

**第七十七条** 县级以上人民政府应当将体育事业经费列入本级预算，建立与国民经济和社会发展相适应的投入机制。

**第七十八条** 国家鼓励社会力量发展体育事业，鼓励对体育事业的捐赠和赞助，保障参与主体的合法权益。

通过捐赠财产等方式支持体育事业发展的，依法享受税收优惠等政策。

**第七十九条**　国家有关部门应当加强对体育资金的管理，任何单位和个人不得侵占、挪用、截留、克扣、私分体育资金。

**第八十条**　国家支持通过政府购买服务的方式提供公共体育服务，提高公共体育服务水平。

**第八十一条**　县级以上地方人民政府应当按照国家有关规定，根据本行政区域经济社会发展水平、人口结构、环境条件以及体育事业发展需要，统筹兼顾，优化配置各级各类体育场地设施，优先保障全民健身体育场地设施的建设和配置。

**第八十二条**　县级以上地方人民政府应当将本行政区域内公共体育场地设施的建设纳入国民经济和社会发展规划、国土空间规划，未经法定程序不得变更。

公共体育场地设施的规划设计和竣工验收，应当征求本级人民政府体育行政部门意见。

公共体育场地设施的设计和建设，应当符合国家无障碍环境建设要求，有效满足老年人、残疾人等特定群体的无障碍需求。

**第八十三条**　新建、改建、扩建居住社区，应当按照国家有关规定，同步规划、设计、建设用于居民日常健身的配套体育场地设施。

**第八十四条**　公共体育场地设施管理单位应当公开向社会开放

的办法，并对未成年人、老年人、残疾人等实行优惠。

免费和低收费开放的体育场地设施，按照有关规定享受补助。

**第八十五条** 国家推进体育公园建设，鼓励地方因地制宜发展特色体育公园，推动体育公园免费开放，满足公民体育健身需求。

**第八十六条** 国家鼓励充分、合理利用旧厂房、仓库、老旧商业设施等闲置资源建设用于公民日常健身的体育场地设施，鼓励和支持机关、学校、企业事业单位的体育场地设施向公众开放。

**第八十七条** 任何单位和个人不得侵占公共体育场地设施及其建设用地，不得擅自拆除公共体育场地设施，不得擅自改变公共体育场地设施的功能、用途或者妨碍其正常使用。

因特殊需要临时占用公共体育场地设施超过十日的，应当经本级人民政府体育行政部门同意；超过三个月的，应当报上一级人民政府体育行政部门批准。

经批准拆除公共体育场地设施或者改变其功能、用途的，应当依照国家有关法律、行政法规的规定先行择地重建。

**第八十八条** 县级以上地方人民政府应当建立全民健身公共场地设施的维护管理机制，明确管理和维护责任。

**第八十九条** 国家发展体育专业教育，鼓励有条件的高等学校培养教练员、裁判员、体育教师等各类体育专业人才，鼓励社会力量依法开展体育专业教育。

**第九十条** 国家鼓励建立健全运动员伤残保险、体育意外伤害保险和场所责任保险制度。

大型体育赛事活动组织者应当和参与者协商投保体育意外伤害保险。

高危险性体育赛事活动组织者应当投保体育意外伤害保险。

高危险性体育项目经营者应当投保体育意外伤害保险和场所责任保险。

## 第九章　体育仲裁

**第九十一条**　国家建立体育仲裁制度，及时、公正解决体育纠纷，保护当事人的合法权益。

体育仲裁依法独立进行，不受行政机关、社会组织和个人的干涉。

**第九十二条**　当事人可以根据仲裁协议、体育组织章程、体育赛事规则等，对下列纠纷申请体育仲裁：

（一）对体育社会组织、运动员管理单位、体育赛事活动组织者按照兴奋剂管理或者其他管理规定作出的取消参赛资格、取消比赛成绩、禁赛等处理决定不服发生的纠纷；

（二）因运动员注册、交流发生的纠纷；

（三）在竞技体育活动中发生的其他纠纷。

《中华人民共和国仲裁法》规定的可仲裁纠纷和《中华人民共和国劳动争议调解仲裁法》规定的劳动争议，不属于体育仲裁范围。

**第九十三条** 国务院体育行政部门依照本法组织设立体育仲裁委员会，制定体育仲裁规则。

体育仲裁委员会由体育行政部门代表、体育社会组织代表、运动员代表、教练员代表、裁判员代表以及体育、法律专家组成，其组成人数应当是单数。

体育仲裁委员会应当设仲裁员名册。仲裁员具体条件由体育仲裁规则规定。

**第九十四条** 体育仲裁委员会裁决体育纠纷实行仲裁庭制。仲裁庭组成人数应当是单数，具体组成办法由体育仲裁规则规定。

**第九十五条** 鼓励体育组织建立内部纠纷解决机制，公平、公正、高效地解决纠纷。

体育组织没有内部纠纷解决机制或者内部纠纷解决机制未及时处理纠纷的，当事人可以申请体育仲裁。

**第九十六条** 对体育社会组织、运动员管理单位、体育赛事活动组织者的处理决定或者内部纠纷解决机制处理结果不服的，当事人自收到处理决定或者纠纷处理结果之日起二十一日内申请体育仲裁。

**第九十七条** 体育仲裁裁决书自作出之日起发生法律效力。

裁决作出后，当事人就同一纠纷再申请体育仲裁或者向人民法院起诉的，体育仲裁委员会或者人民法院不予受理。

**第九十八条** 有下列情形之一的，当事人可以自收到仲裁裁决书之日起三十日内向体育仲裁委员会所在地的中级人民法院申请撤销裁决：

（一）适用法律、法规确有错误的；

（二）裁决的事项不属于体育仲裁受理范围的；

（三）仲裁庭的组成或者仲裁的程序违反有关规定，足以影响公正裁决的；

（四）裁决所根据的证据是伪造的；

（五）对方当事人隐瞒了足以影响公正裁决的证据的；

（六）仲裁员在仲裁该案时有索贿受贿、徇私舞弊、枉法裁决行为的。

人民法院经组成合议庭审查核实裁决有前款规定情形之一的，或者认定裁决违背社会公共利益的，应当裁定撤销。

人民法院受理撤销裁决的申请后，认为可以由仲裁庭重新仲裁的，通知仲裁庭在一定期限内重新仲裁，并裁定中止撤销程序。仲裁庭拒绝重新仲裁的，人民法院应当裁定恢复撤销程序。

**第九十九条**　当事人应当履行体育仲裁裁决。一方当事人不履行的，另一方当事人可以依照《中华人民共和国民事诉讼法》的有关规定向人民法院申请执行。

**第一百条**　需要即时处理的体育赛事活动纠纷，适用体育仲裁特别程序。

特别程序由体育仲裁规则规定。

## 第十章 监督管理

**第一百零一条** 县级以上人民政府体育行政部门和有关部门应当积极履行监督检查职责，发现违反本法规定行为的，应当及时做出处理。对不属于本部门主管事项的，应当及时书面通知并移交相关部门查处。

**第一百零二条** 县级以上人民政府体育行政部门对体育赛事活动依法进行监管，对赛事活动场地实施现场检查，查阅、复制有关合同、票据、账簿，检查赛事活动组织方案、安全应急预案等材料。

县级以上人民政府公安、市场监管、应急管理等部门按照各自职责对体育赛事活动进行监督管理。

体育赛事活动组织者应当履行安全保障义务，提供符合要求的安全条件，制定风险防范及应急处置预案等保障措施，维护体育赛事活动的安全。

体育赛事活动因发生极端天气、自然灾害、公共卫生事件等突发事件，不具备办赛条件的，体育赛事活动组织者应当及时予以中止；未中止的，县级以上人民政府应当责令其中止。

**第一百零三条** 县级以上人民政府市场监管、体育行政等部门按照各自职责对体育市场进行监督管理。

**第一百零四条** 国家建立体育项目管理制度，新设体育项目由国务院体育行政部门认定。

体育项目目录每四年公布一次。

**第一百零五条**　经营高危险性体育项目，应当符合下列条件，并向县级以上地方人民政府体育行政部门提出申请：

（一）相关体育设施符合国家标准；

（二）具有达到规定数量的取得相应国家职业资格证书或者职业技能等级证书的社会体育指导人员和救助人员；

（三）具有相应的安全保障、应急救援制度和措施。

县级以上地方人民政府体育行政部门应当自收到申请之日起三十日内进行实地核查，并作出批准或者不予批准的决定。予以批准的，应当发给许可证；不予批准的，应当书面通知申请人并说明理由。

国务院体育行政部门会同有关部门制定、调整高危险性体育项目目录并予以公布。

**第一百零六条**　举办高危险性体育赛事活动，应当符合下列条件，并向县级以上地方人民政府体育行政部门提出申请：

（一）配备具有相应资格或者资质的专业技术人员；

（二）配置符合相关标准和要求的场地、器材和设施；

（三）制定通信、安全、交通、卫生健康、食品、应急救援等相关保障措施。

县级以上地方人民政府体育行政部门应当自收到申请之日起三十日内进行实地核查，并作出批准或者不予批准的决定。

国务院体育行政部门会同有关部门制定、调整高危险性体育赛事活动目录并予以公布。

**第一百零七条** 县级以上地方人民政府应当建立体育执法机制，为体育执法提供必要保障。体育执法情况应当向社会公布，接受社会监督。

**第一百零八条** 县级以上地方人民政府每届任期内至少向本级人民代表大会或者其常务委员会报告一次全民健身、青少年和学校体育工作。

## 第十一章 法律责任

**第一百零九条** 国家机关及其工作人员违反本法规定，有下列行为之一的，由其所在单位、主管部门或者上级机关责令改正；对负有责任的领导人员和直接责任人员依法给予处分：

（一）对违法行为不依法查处的；

（二）侵占、挪用、截留、克扣、私分体育资金的；

（三）在组织体育赛事活动时，有违反体育道德和体育赛事规则，弄虚作假、营私舞弊等行为的；

（四）其他不依法履行职责的行为。

**第一百一十条** 体育组织违反本法规定的，由相关部门责令改正，给予警告，对负有责任的领导人员和直接责任人员依法给予处分；可以限期停止活动，并可责令撤换直接负责的主管人员；情节严重的，予以撤销登记。

**第一百一十一条**　学校违反本法有关规定的，由有关主管部门责令改正；对负有责任的领导人员和直接责任人员依法给予处分。

**第一百一十二条**　运动员、教练员、裁判员违反本法规定，有违反体育道德和体育赛事规则，弄虚作假、营私舞弊等行为的，由体育组织按照有关规定给予处理；情节严重、社会影响恶劣的，由县级以上人民政府体育行政部门纳入限制、禁止参加竞技体育活动名单；有违法所得的，没收违法所得，并处一万元以上十万元以下的罚款。

利用体育赛事从事赌博活动的，由公安机关依法查处。

**第一百一十三条**　体育赛事活动组织者有下列行为之一的，由县级以上地方人民政府体育行政部门责令改正，处五万元以上五十万元以下的罚款；有违法所得的，没收违法所得；情节严重的，给予一年以上三年以下禁止组织体育赛事活动的处罚：

（一）未经许可举办高危险性体育赛事活动的；

（二）体育赛事活动因突发事件不具备办赛条件时，未及时中止的；

（三）安全条件不符合要求的；

（四）有违反体育道德和体育赛事规则，弄虚作假、营私舞弊等行为的；

（五）未按要求采取风险防范及应急处置预案等保障措施的。

**第一百一十四条** 违反本法规定，侵占、破坏公共体育场地设施的，由县级以上地方人民政府体育行政部门会同有关部门予以制止，责令改正，并可处实际损失五倍以下的罚款。

**第一百一十五条** 违反本法规定，未经批准临时占用公共体育场地设施的，由县级以上地方人民政府体育行政部门会同有关部门责令限期改正；逾期未改正的，对公共体育场地设施管理单位处十万元以上五十万元以下的罚款；有违法所得的，没收违法所得。

**第一百一十六条** 未经许可经营高危险性体育项目的，由县级以上地方人民政府体育行政部门会同有关部门责令限期关闭；逾期未关闭的，处十万元以上五十万元以下的罚款；有违法所得的，没收违法所得。

违法经营高危险性体育项目的，由县级以上地方人民政府体育行政部门责令改正；逾期未改正的，处五万元以上五十万元以下的罚款；有违法所得的，没收违法所得；造成严重后果的，由主管部门责令关闭，吊销许可证照，五年内不得再从事该项目经营活动。

**第一百一十七条** 运动员违规使用兴奋剂的，由有关体育社会组织、运动员管理单位、体育赛事活动组织者作出取消参赛资格、取消比赛成绩或者禁赛等处理。

**第一百一十八条** 组织、强迫、欺骗、教唆、引诱运动员在体育运动中使用兴奋剂的，由国务院体育行政部门或者省、自治区、直辖市人民政府体育行政部门没收非法持有的兴奋剂；直接负责的主管人员和其他直接责任人员四年内不得从事体育管理工作和运动员辅助工作；情节严重的，终身不得从事体育管理工作和运动员辅助工作。

向运动员提供或者变相提供兴奋剂的，由国务院体育行政部门或者省、自治区、直辖市人民政府体育行政部门没收非法持有的兴奋剂，并处五万元以上五十万元以下的罚款；有违法所得的，没收违法所得；并给予禁止一定年限直至终身从事体育管理工作和运动员辅助工作的处罚。

**第一百一十九条**　违反本法规定，造成财产损失或者其他损害的，依法承担民事责任；构成违反治安管理行为的，由公安机关依法给予治安管理处罚；构成犯罪的，依法追究刑事责任。

## 第十二章　附　则

**第一百二十条**　任何国家、地区或者组织在国际体育运动中损害中华人民共和国主权、安全、发展利益和尊严的，中华人民共和国可以根据实际情况采取相应措施。

**第一百二十一条**　中国人民解放军和中国人民武装警察部队开展体育活动的具体办法，由中央军事委员会依照本法制定。

**第一百二十二条**　本法自 2023 年 1 月 1 日起施行。